ANSELM GRÜN

50 Rituale für das Leben

HERDER

FREIBURG · BASEL · WIEN

Titel der Originalausgabe: 50 Rituale für das Leben

ISBN 978-3-451-29843-1

www.herder.de

Umschlagkonzeption: Agentur RME Roland Eschlbeck
Umschlaggestaltung: Verlag Herder
Umschlagfoto: Getty Images
Autorenfoto: © Vier-Türme-Verlag

Innengestaltung und Satz:
Weiß-Freiburg GmbH – Graphik & Buchgestaltung
Abbildungen: S. 6 © Ingram; S. 16 © photocase; S. 53, 116 © ccvision
Herstellung: fgb · freiburger graphische betriebe
www.fgb.de

Gedruckt auf umweltfreundlichem, chlorfrei gebleichtem Papier
Printed in Germany

ISBN 978-3-451-06264-3

INHALT

EINLEITUNG

Seit einigen Jahren ist ein neues Bedürfnis nach Ritualen erwacht. Dabei geht es nicht nur um die religiösen Rituale, die im Gottesdienst gemeinsam gefeiert und die heute oft auch bewusster gestaltet werden. Es geht immer häufiger auch um persönliche Rituale, die den Alltag prägen, und um Rituale, die das Leben in der Familie, in einem Unternehmen und in der Gesellschaft bestimmen. Bei Großveranstaltungen wie der Fußballweltmeisterschaft oder bei Olympischen Spielen werden gemeinsame Rituale praktiziert. Das Zuschauen bei einem Wettspiel bekommt dadurch eine eigene Qualität und ist weit mehr als ein bloß passives Dabeisein. Rituale bei Großveranstaltungen auch in der Musikwelt, in der Popkultur und in der Sportszene drücken das Bedürfnis der Menschen aus, diese Welt zu überschreiten und sie zu öffnen für eine oft unbestimmt erahnte und geglaubte Transzendenz. Es sind Formen einer verdeckten modernen Religiosität.

In den letzten Jahren hat sich auch die Wissenschaft intensiver und unter neuen Aspekten mit dem Thema «Rituale» auseinandergesetzt. Psychologie, Soziologie, Theologie und Religionswissenschaft haben sich mit den Ritualen beschäftigt. Der Soziologe Karl Gabriel beschreibt sie in einer Definition, die alle diese wissenschaftlichen Zugänge umfasst, als «stilisierte, wiederholbare Handlungen an den typischen Übergängen und Brüchen des modernen Alltags».

Es gibt die persönlichen und ganz individuellen Rituale: an den Übergängen von Tag und Nacht, von Tag zu Tag und von Jahr zu Jahr. Und es gibt die typischen Übergangsrituale, von denen die Religionswissenschaft spricht und die man in allen Kulturen kennt: bei der Geburt und beim Tod eines Menschen, beim Erwachsenwerden, in der Lebensmitte und im Übergang zum Alter.

Ich möchte in diesem Buch nicht auf die wissenschaftliche Diskussion um die Rituale eingehen. Mir genügen einige Bilder, die das Wesen der Rituale beschreiben. Manche bringen die Wörter «Ritus» und «Ritual» auch mit dem griechischen Wort «arithmos» in Verbindung, das «Zahl» bedeutet. Ein Ritual ist dann das Abgezählte, Strukturgebende. Die altindische Wurzel «rtáh», mit der das Wort sprachgeschichtlich zusammenhängt, bedeutet: «angemessen, recht». Die Rituale vollziehen also etwas, was dem Menschen und seinem Lebensrhythmus angemessen ist, was recht und richtig für ihn ist. Doch besser als eine Definition zeigen uns Bilder oder einfach die Erfahrung beschreibende Zugänge das Wesen des Rituals.

Rituale öffnen den Himmel über unserem Leben. Sie sind mehr als Alltagsgewohnheiten und mehr als bloßes eingespieltes Routineverhalten. Sie haben von ihrem Ursprung her immer eine religiöse Wurzel. Sie wollen den Himmel über unserem Leben öffnen. Sie zeigen, dass sich unser ganzes Leben im Angesicht Gottes vollzieht und dass unsere tiefste Sehnsucht dahin strebt, diese Welt zu übersteigen auf das Geheimnis Gottes hin. Rituale bringen mitten im Alltag den Himmel auf die Erde. Sie vermitteln uns Gottes heilende und liebende Nähe, die für uns Himmel bedeutet.

Rituale schließen eine Tür und öffnen eine Tür. Dieses Bild gilt für die typischen Übergangsrituale: bei Geburt und Tod, bei Tag und Nacht, bei Arbeit und Freizeit. Wenn die Tür des Tages am Abend nicht geschlossen wird, können wir uns auf die Nacht nicht angemessen einlassen. Der Tag wird die Nacht noch prägen und uns oft genug nicht richtig schlafen lassen, wenn wir ihn nicht bewusst beenden. Wir müssen die Tür zum Vergangenen schließen, damit wir ganz dort sein können, wo wir gerade sind. Nur wenn die Tür zum Alten geschlossen wird, öffnet sich ein Zugang für das Neue, eine Tür für den jetzigen Augenblick. Rituale befähigen uns also, ganz im Augenblick zu sein. Wer nie Türen schließt, der steht immer im Durchzug. Doch das tut seiner Seele und seinem Leib nicht gut. Unser Leben braucht geschlossene Räume, damit es sich entfaltet, damit Begegnung möglich wird und wir uns auf den jeweiligen Augenblick einlassen können.

Rituale drücken Gefühle aus, die sonst nie ausgedrückt werden. Sie laden dazu ein, einem anderen Menschen gegenüber etwas zu tun und zu sagen, was wir normalerweise nicht tun. Sie führen uns über die Schwelle zum anderen. Sie überwinden die Hemmschwelle, die wir oft empfinden, wenn wir dem anderen etwas sehr Persönliches sagen. Aber bei einem Geburtstagswunsch trauen wir uns, mehr zu sagen, eine solche feste Form «erlaubt» und erleichtert es uns, persönlich zu werden. Rituale ermöglichen und schaffen Nähe. Aber sie geben uns auch die Sicherheit, dass wir nicht mehr sagen müssen, als wir können. Sie laden uns ein, das auszudrücken, was wir gerade fühlen und was wir für den anderen empfinden.

Rituale vertiefen Beziehungen. In den persönlichen Ritualen – etwa bei der Feier des Geburtstags, des Namenstags, eines Jubiläums – geht es um unsere Beziehung zum anderen. Der Feiernde wird gesehen, wahrgenommen. Das, was ihn ausmacht, wird in Worte gefasst. Das vertieft die Beziehung zum anderen. Wenn ein Ritual gelungen ist – etwa eine Geburtstagsfeier –, dann vertiefen sich bestehende Beziehungen, und es entstehen neue Beziehungen zwischen den Feiernden. Inzwischen haben Unternehmen entdeckt, dass der Wegfall von Ritualen – oft genug aus Rationalisierungsgründen – die Leistung der Mitarbeiter beeinträchtigt. Wenn die menschlichen Beziehungen in einem Unternehmen außer Acht gelassen werden, lässt auch die Leistung nach.

Rituale stiften Identität. Ich beginne den Tag mit meinem persönlichen Ritual. Ich zelebriere gleichsam meinen Tag und mein Leben. Ich fühle, dass ich selber lebe, anstatt gelebt zu werden. Ich habe Lust, meinem Leben eine bestimmte Form, eine klare Prägung zu geben. Ich empfinde und erfahre mich selbst in den Ritualen. Rituale stiften aber nicht nur die persönliche Identität eines Einzelnen. Wenn sie in dem entsprechenden sozialen Umfeld stattfinden, begründen oder vertiefen sie auch eine Familienidentität oder eine Firmenidentität. Sie geben uns das Gefühl, dass die Form, wie wir miteinander gemeinsam leben, etwas Wichtiges und nicht nur etwas Äußerliches ist. Die Erfahrung dabei ist: Wir nehmen unser Miteinander noch ernst. Wir schätzen es. Daher drücken wir es in Ritualen aus. Die Alten sagen: Unser Leben ist ein beständiges Fest. Daher feiern wir es in Ritualen und kommen so mit den Wurzeln unseres Lebens und unserer persönlichen und gemeinsamen Identität in Berührung.

Rituale schaffen einen heiligen Ort und eine heilige Zeit. Heilig ist das, was dem profanen Alltag der Welt entzogen ist. Es ist etwas, worüber diese Welt des Alltäglichen mit all seinen

Ansprüchen keine Macht hat. Im Verständnis der Griechen vermag nur das Heilige zu heilen. Die heilige Zeit ist eine Zeit, die mir gehört, zu der die Welt keinen Zutritt hat, über die die anderen Menschen nicht verfügen können. Die heilige Zeit, die ich mir nehme, wenn ich ein Ritual vollziehe, lässt mich frei atmen. Niemand will jetzt etwas von mir. Die Sorgen um andere Menschen sind nicht wichtig. Ich vollziehe dieses Ritual mitten in der Zeit und erlebe in der Zeit eine heilige Zeit, die dem Zugriff der gewöhnlichen messbaren und unter dem Nützlichkeitsaspekt bewerteten Zeit entzogen ist. Heiko Ernst hat einmal gesagt: Im Ritual «kommt die Welt für eine Zeit lang zur Ruhe und wir in ihr». Die heilige Zeit ist immer auch eine Zeit der Ruhe, eine Zeit, in der wir teilhaben an der Sabbatruhe Gottes. Die heilige Zeit, die uns das Ritual schenkt, befreit uns von jedem Termindruck. Da herrscht nicht *chronos*, die gemessene und getaktete Zeit, die sich nach dem Chronometer richtet und die mich – nach dem antiken Mythos – verschlingen möchte, sondern *kairos*: angenehme Zeit, geschenkte Zeit, Zeit der Gnade, heilige Zeit, die ich genießen kann. In der heiligen Zeit komme ich mit dem heilen Kern in mir in Berührung. Dort erfahre ich, dass in mir ein heiliger Raum ist, der dem Zugriff der Welt entzogen ist.

Rituale sind Erinnerungszeichen. Sie bringen das, was ich vom Kopf her weiß, in mein Herz und in mein Inneres. Sie erinnern mich daran, dass Gott bei mir und in mir ist. Wir brauchen solche Erinnerungszeichen, damit wir nicht vergessen, wer wir eigentlich sind: Söhne und Töchter Gottes. Sie rufen uns ins Bewusstsein, dass Gott mit uns geht und uns auf unseren Wegen schützt und segnet. Als Kind war ich immer berührt, wenn mein Vater bei gemeinsamen Spaziergängen immer dann den Hut zog, wenn er an einer Kirche vorbeiging. Bei dieser Geste spürte ich, dass noch etwas anderes für meinen Vater wichtig war. Die Kirche erinnerte ihn daran, dass es im Leben letztlich um Gott geht. So können auch uns die vielen Kirchen, an denen wir vorbeifahren, wie Erinnerungszeichen sein, die uns sagen: Öffne deine Augen. Gott umgibt dich. Der Himmel öffnet sich über dir. Auch in den Städten erinnert uns noch heute das Läuten der Glocken daran, dass wir innehalten sollen. Die Glocken wollen uns nicht nur zum Gottesdienst oder zu einem Gebet einladen. Sie erinnern uns auch daran, welchen Klang wir unserem Leben geben möchten. In vielen Dörfern und Städten gibt es noch das Morgen-, Mittags- und Abendläuten der Kirchen. Es erinnert an das alte Gebet, den «Engel des Herrn», in dem wir die Worte des Engels an Maria meditieren.

Rituale schaffen Heimat. Sie geben und verstärken das Gefühl, daheim zu sein. Ich vollziehe die gleichen Rituale, die meine Eltern und Großeltern vollzogen haben. Das gibt mir ein Gefühl der Kontinuität und stärkt das Vertrauen, dass ich an der Lebens- und Glaubenskraft meiner Vorfahren teilhabe. Ich erlebe immer wieder alte Mitbrüder, die in großer Treue die Rituale des klösterlichen Alltags befolgen. Das gibt ihnen das Gefühl, eingebunden zu sein in das Ganze der Gemeinschaft und ihrer Tradition. Für alte, alleinstehende Menschen sind Rituale ein Weg, mit sich und ihrem Leben zurechtzukommen und sich daheim zu fühlen. Heimat ist hier nicht gemeint im Sinn von sentimentaler Nostalgie, sondern so, wie die deutsche Sprache sie von der Wortwurzel her versteht. Die deutsche Sprache sieht Heimat, Heim und Geheimnis zusammen. Daheim sein kann man nur, wo das Geheimnis wohnt.

Wirkliche Heimat ist dort, wo das Geheimnis Gottes mich umgibt. In den Ritualen habe ich das Gefühl, dass ich nicht allein bin. Ich vollziehe die Rituale, um mich zu vergewissern, dass Gott bei mir ist, dass seine zärtliche Liebe mich umgibt.

Rituale sind die Vergewisserung, dass mein Leben gelingt. Wir wissen, dass vom Anzünden einer Kerze oder von der morgendlichen Meditation das Gelingen des Lebens nicht abhängt. Und dennoch drücken wir beim Entzünden einer Kerze aus, dass Gottes Licht in meine Dunkelheit leuchtet, dass sein Licht stärker ist als alle Finsternis, dass seine Liebe die Kälte dieser Welt überwindet. Ich drücke mit dem Ritual aus, dass ich unter Gottes Verheißung stehe. Und seine Verheißung ist, dass mein Leben gelingen wird. So hat es Gott dem Jakob auf der Himmelsleiter verheißen: «Ich vollziehe an dir, was ich dir verheißen habe.» Gott wird auch an uns tun, was er uns versprochen hat. Er hat uns Heil und Erlösung in seinem Sohn Jesus Christus verheißen. Das wird uns zuteil. Unser Leben wird vielleicht anders gelingen, als wir uns das vorgestellt haben. Aber es wird gelingen. Indem ich das Ritual vollziehe, drücke ich meinen Glauben an die Zusage Gottes aus, dass mein Leben heil wird und ganz.

Rituale sind ein Ort der Begegnung mit mir selbst und mit Gott. Rituale bringen mich in Berührung mit mir selbst und mit meiner Mitte. Indem ich etwas tue, was nicht von der Welt benutzt werden kann, was keinen äußeren Nutzen hat, komme ich in Berührung mit mir selbst, mit meinem wahren inneren Kern. Ich komme in meine Mitte. Ich habe das Gefühl, bei mir zu sein und in mir zu ruhen. Und die Rituale sind der Ort, an dem ich Gott begegne. Ich vollziehe ja das Ritual, weil ich daran glaube, dass Gott bei mir ist. Das Ritual öffnet mich dem gegenwärtigen Gott gegenüber. Es ermöglicht mir, Gott zu begegnen. Ich höre im Ritual auf, vor mir und vor Gott davonzulaufen. Ich halte inne und halte stand. Und ich höre nach innen und vertraue darauf, dass Gott in mir ist und um mich herum, dass er mich umgibt und dass er zu mir sprechen möchte.

ERSTER TEIL 1–14

Den Tag gestalten

Die Tage zerrinnen uns oft zwischen den Fingern. Sie gehen an uns vorüber, ein Tag nach dem anderen. Wir stolpern manchmal einfach nur in einen neuen Morgen hinein und fallen abends müde ins Bett. Aber wir leben nicht bewusst das Geheimnis eines jeden Tages. Rituale halten etwas dagegen. Sie wollen uns bewusst machen, dass jeder Tag einmalig ist. Sie wollen uns daran erinnern, dass wir jeden Tag unter dem Segen Gottes stehen und ihn vor Gott und mit seinem Segen leben. Rituale strukturieren den Tag. Sie erinnern uns immer wieder daran, selber zu leben, anstatt gelebt zu werden. Und sie bringen uns in Berührung mit uns selbst. Wir leben den Tag durch den bewussten Vollzug eines Rituals aus unserer eigenen Mitte heraus und werden nicht vom Äußeren bestimmt, das auf uns einströmt und uns zu überfluten droht. Viele haben heute ja den Eindruck, dass sie immer nur Erwartungen erfüllen müssen: Und in der Tat, nicht nur die Familie hat Erwartungen, auch die Freunde, der Arbeitgeber, der Verein, die Kirche oder die politische Gemeinde. Doch wer ständig nur Erwartungen erfüllen muss, der fühlt sich bald ausgenutzt und ausgebrannt. Rituale schaffen ein Gegengewicht zu diesem äußeren Druck. Sie vermitteln die Erfahrung: Ich gestalte meinen Tag selber. Ich will diesem heutigen Tag mein ganz persönliches Gepräge geben.

Wir erleben durch die Rituale zudem den Rhythmus des Tages. Wir erfahren bewusst: Die Morgenzeit hat eine andere Qualität als die Abendzeit, der Vormittag eine andere als der Nachmittag, und das Frühstück erleben wir anders als das Mittagessen oder die abendliche Mahlzeit. Wer durch Rituale im Rhythmus des Tages lebt, der erlebt die Zeit als geschenkte

Zeit. Und er wird nicht so leicht erschöpft und ausgelaugt. Die Zeit frisst ihn nicht auf, sondern sie belebt und erneuert ihn. Die Rituale rhythmisieren die Seele. Das – so wissen es noch die frühen Kirchenväter – tut der Seele und dem Leib gut. Denn der Mensch ist seit seinem Beginn im Mutterleib von der Erfahrung eines natürlichen Rhythmus geprägt. Wer diesen inneren Rhythmus durch die Rituale aufgreift, der lebt seinem Wesen gemäß, der lebt gesund.

1. DEN TAG SEGNEN

Ein schönes Morgenritual ist es, wenn wir mit zum Segen erhobenen Händen den Segen strömen lassen: zu unserer Familie, zu den Kindern, zum Ehepartner, zu den Freunden und Bekannten. Wenn wir am Morgen all diese Menschen segnen, können wir sie voll Vertrauen in den Tag entlassen. Wir brauchen uns nicht mehr um sie zu sorgen. Gottes segnende Hand beschützt und begleitet sie. So können wir sie loslassen und entlasten uns von dem Druck, immer nachsehen oder kontrollieren zu müssen, ob es den Kindern auch gut geht und ob sie auch geschützt sind auf ihren Wegen zur Schule und zur Arbeit. Wir können uns vorstellen, dass wir durch unsere segnenden Hände Gottes Segen und Gottes Liebe zu den Kindern und Freunden fließen lassen, so dass Gottes heilende und liebende Nähe sie gleichsam umgibt und einhüllt.

Wir können diesen Segen auch in die Räume unserer Wohnung fließen lassen. Oft genug sind manche Räume noch voll von negativen Gefühlen, von dem Streit des gestrigen Tages, von der Enttäuschung über unsere Kinder oder über misslungene Gespräche und von der Verletzung, die wir dort erfahren haben. Wenn wir bewusst den Segen Gottes in diese Räume schicken, werden wir sie anders betreten. Dann überfällt uns in ihnen nicht mehr die Verletzung. Dann erwartet uns ein gesegneter Raum, in dem wir aufatmen können.

Genauso können Sie den Segen zu den Menschen senden, mit denen Sie heute zu tun haben, zu den Arbeitskollegen, zu den Kunden, zu den Menschen, denen Sie heute begegnen. Dann werden Sie ihnen mit anderen Augen gegenübertreten.

Und schicken Sie den Segen in die Räume, in denen Sie heute arbeiten und wirken werden. Dann werden Sie sich in allem, was Sie tun, unter dem Segen Gottes wissen.

Segnen Sie am Morgen auch all die Menschen, mit denen Sie Schwierigkeiten oder Konflikte haben. Wenn wir hören, dass Jesus sagt, wir sollten die segnen, die uns verfolgen, dann klingt das zunächst wie eine Überforderung. Doch wenn Sie die segnen, mit denen Sie gestern im Streit lagen, dann können Sie ihnen heute anders begegnen. Sie sind nicht blockiert, wenn Sie sie treffen. Sie begegnen dann gesegneten Menschen. Das verwandelt Ihre Einstellung zu ihnen. Und Sie haben das Gefühl, dass der Segen Sie selber stärkt. Sie können anders auf die Menschen zugehen, die Sie gesegnet haben.

2. DEN TAG BEGINNEN

Die Morgenstunde mit ihrer Frische atmet etwas von der Neuheit Gottes. So schlage ich dir folgendes Ritual vor:

Öffne das Fenster und genieße die frische Luft des neuen Tages.
Danke Gott für die vergangene Nacht, für deine Träume, für die Erholung. Und bitte Gott, dass er dich erfrische mit seinem heiligen Geist und mit seiner göttlichen Liebe.
Überlege dir, was der heutige Tag dir bringen mag.
Welche Termine hast du?
Bitte Gott um seinen Segen, damit alles, was du vorhast und in die Hand nimmst, heute gesegnet ist.
Und frage dich, welcher Wochentag ist und welcher Heilige heute sein Fest hat. Schaue im Kalender nach, welcher Heilige heute gefeiert wird und wer in deiner Umgebung vielleicht Namenstag hat. Dann schaue zu Gott auf im Licht dieses Heiligen.
Woran erinnert dich der Heilige?
Welche Gefühle kommen da in dir hoch?
Manche Heilige geben dem Tag ein eigenes Gepräge.
Wenn ich morgens nach dem Aufstehen daran denke, dass heute das Fest der hl. Teresa ist, dann erfüllt diese große Frau mit ihrer erfrischenden Sprache und ihrer mystischen Erfahrung und zugleich mit ihrem Mut, die eigene Erfahrung gegenüber der etablierten Kirche zu vertreten, den Tag. Dann beginnt der Tag anders.

Bitte Gott, dass er dich mit dem Geist erfüllt, der es der hl. Teresa oder dem heutigen Tagesheiligen ermöglicht hat, ihr Leben zu bewältigen und ihre Wunden in Perlen zu verwandeln. Und frage dich angesichts des Tagesheiligen, welche Spur du heute in diese Welt eingraben möchtest.

3. DEN HIMMEL ÜBER DEN MENSCHEN ÖFFNEN

Eine schöne Gebärde, den Morgen zu begrüßen, ist die so genannte Oranten-Haltung (von den lateinischen Wort «orans», das «Betender» bedeutet). Ich stehe aufrecht und breite die Arme zu einer großen Schale aus. Das ist für mich ein Bild dafür, dass ich heute den Himmel öffnen möchte über den Menschen, ganz gleich, was ich tue, in der Arbeit, im Gebet und in dem, was ich sage oder schreibe. Ich möchte den Himmel öffnen über denen, deren Himmel verhangen ist durch Hoffnungslosigkeit, durch Angst, durch Depression. Ich öffne den Himmel über denen, denen der Himmel verschlossen ist, weil sie verzweifelt sind, weil sie nicht vertrauen und nicht glauben können. Ich fühle mich in dieser Gebärde verbunden mit allen Menschen. Denn es ist der gleiche Himmel, der sich über uns wölbt.

Mit dieser Gebärde bekommt der Tag eine andere Qualität. Er steht nicht vor mir mit seinen Terminen, sondern mit dem Bild, dass ich in allem, was ich tue, in allen Begegnungen, in allen Gesprächen und in meinem ganzen Sein den Himmel über den Menschen öffne, dass der Geschmack des Himmels durchkommt bei allem, was ich sage und ausstrahle.

Diese Gebärde gibt mir das Gefühl, dass ich heute meine ureigenste Spur in diese Welt eingrabe. Meine Spur ist wichtig, wenn die Welt durch mein Tun und Sprechen für viele menschlicher und heller wird. Meine Lebensspur besteht darin, dass ich den Himmel über den Menschen öffne, dass ich den Himmel auf die Erde bringe, dass ich die Spur Gottes in dieser Welt sichtbar mache. So zeigt mir dieses Morgenritual, dass es sich lohnt, heute den Himmel über den Menschen zu öffnen. Ich werde in einen helleren Tag hineinschreiten. Und ich habe das Vertrauen, dass dieser Tag auch für die anderen zum Segen wird, dass sich über ihrem Tun immer wieder der Himmel öffnet und sie ausschauen nach der göttlichen Wirklichkeit, die von oben her einbricht in ihre Welt.

4. PAUSENRITUALE

Viele machen keine richtigen Pausen mehr. Sie essen ihr Brot neben der Arbeit und stopfen auch ihre Pausen noch mit allen möglichen Erledigungen zu. Aber ich kann die großen Pausen, die es im Tagesablauf gibt, auch neu gestalten: die vormittägliche Vesperzeit, die Mittagspause. Der eine genießt das Essen; er isst bewusst langsam und schmeckt die Speisen, die er isst. Der andere legt sich für ein paar Minuten still auf den Boden, oder er setzt sich bequem in den Sessel, um auszuruhen und so alles, was war, bewusst im Atem auszuatmen.

Ein Bankdirektor erzählte mir, dass er es sich abgewöhnt habe, in der Mittagspause in die Kantine zu gehen und nochmals über die Börsenkurse zu diskutieren. Er geht bewusst auch in räumliche Distanz zu seinem Büro, setzt sich in eine nahe gelegene Kirche und genießt die Ruhe. Und er fühlt sich von etwas Heiligem umgeben, von einer Wirklichkeit, die seine Seele heilt.

Ein anderer macht diese Erfahrung, indem er im Park spazieren geht. Im kräftigen Ausschreiten geht er sich frei von dem, was ihn belastet.

Schau deinen Arbeitstag an und überlege, ob du mit der Gestaltung deiner Pausen zufrieden bist. Wenn nicht, dann denk darüber nach, was du anders machen kannst. Setz dir eine bestimmte Zeit für die Pause. Und dann spüre, was du brauchst. Ist die Begegnung mit anderen Menschen wichtig, oder willst du nur für dich allein sein?

Für mich ist die Mittagspause in der Abtei eine gute Hilfe. Da wir Mönche um 4.40 Uhr aufstehen, ist der Tag bis zur Mittagshore um 12.00 Uhr lang. Nach der Mittagshore essen wir gemeinsam, aber schweigend zu Mittag. Da kann manches von den Konflikten oder allzu heftigen Emotionen zur Ruhe kommen. Für mich ist es ein wichtiges Ritual, mich nach dem Essen für eine halbe Stunde ins Bett zu legen und zu schlafen. Auch wenn ich nicht immer fest schlafe, so döse ich doch ein wenig weg. Und ich kann dabei all das loslassen und vergessen, was am Vormittag nicht so gut gelaufen ist. Ich beginne den Mittagsschlaf mit dem Jesusgebet. Dabei halte ich die Arme gekreuzt über die Brust. Ich umarme mich selber gleichsam wie ein Kind. Und in diese Haltung von Geborgenheit hinein spreche ich das Jesusgebet. In diesem Ritual verwandeln sich die Gefühle, die am Vormittag verletzt worden sind. Ich finde Abstand zur Arbeit. Und das tut mir gut.

5. HEILSAME UNTERBRECHUNGEN

Es gibt während der Arbeit immer wieder kleine, heilsame Unterbrechungen. Ich gehe zu einem Kollegen, um etwas zu besprechen. Ich kann jetzt zielgerichtet und möglichst schnell durch den Gang gehen. Dann komme ich gehetzt an. Oder ich benütze den Gang, um mich selbst zu verlangsamen. Ich gehe langsam und habe das Gefühl: Die Zeit gehört mir. Ich genieße es, langsam zu gehen. Ich habe nichts anderes zu tun, als jetzt in diesem Augenblick einfach nur zu gehen.

Es gibt viele andere Möglichkeiten einer solchen heilsamen Unterbrechung.

Bevor ich in eine Sitzung gehe, halte ich kurz inne und versuche, mit mir selbst in Berührung zu kommen. Wenn ich in meiner Mitte bin, wird mich das Gespräch nicht so leicht aus meiner Mitte herausreißen. Wenn ein Telefonanruf kommt, kann ich bewusst den Hörer in die Hand nehmen und mich auf diesen Anrufer einlassen.

Jeder hat seine eigenen kleinen Rituale während der Arbeit. Sie alle sind dazu da, mitten in der Arbeit aufzuatmen, sich selbst wieder zu spüren und Gottes heilende und liebende Nähe mitten in der oft aufdringlichen Nähe von gehetzten Menschen wahrzunehmen.

Wenn ich einmal beim Schreiben nicht mehr weiterkomme, unterbreche ich die Arbeit. Entweder gehe ich austreten. Dabei fallen mir oft neue Gedanken ein. Oder aber ich lege mich für fünf Minuten auf das Bett. Ich denke nicht angestrengt nach, sondern lasse mich in Gottes Hand fallen. In dieser entspannten Haltung kommt mir oft ein Einfall, wie ich weiterschreiben könnte. Die heilsame Unterbrechung gibt mir Abstand zu dem Blockiertsein, das ich gerade erlebt habe. Und auf einmal strömen neue Gedanken in mich ein. Dann stehe ich auf und habe wieder Lust, weiterzuschreiben.

Ich kenne Psychologen, die nach jedem Gespräch mit einem Klienten ein kleines Ritual machen. Sie öffnen das Fenster und stellen sich an das offene Fenster, um die frische Luft einzuatmen und all das, was im therapeutischen Gespräch war, auszuatmen und loszulassen. Andere beten kurz für den Klienten. Das entlastet sie vom Grübeln darüber, ob das Gespräch gut war und ob es dem anderen wirklich geholfen hat. Und sie segnen den nächsten Klienten. So lassen sie das alte Gespräch los und stellen sich innerlich auf das neue ein. Sie gehen dann mit Gottes Segen in die Begegnung mit dem nächsten Klienten. Das entlastet sie und öffnet sie zugleich für das Geheimnis des Menschen, der jetzt für diesen Augenblick der wichtigste ist.

Im Gespräch mit Ärzten erfahre ich immer wieder, dass viele sehr darunter leiden, wenn das Wartezimmer voller Patienten ist und sie ohne Pause einen nach dem anderen behandeln müssen, damit die Wartezeiten nicht zu lang werden. So können sie zwischendurch gar nicht durchatmen oder «verschnaufen». Gerade wenn der Tag aus einer langen Reihe von Gesprächen und Behandlungen besteht, würden aber kleine, heilsame Unterbrechungen nottun. Für den einen Arzt ist es die Mittagspause, die er genießt. Für den anderen ist es das kurze, aber bewusste Aus- und Aufatmen nach jedem Gespräch. Im Atem kommt er wieder mit sich selbst in Berührung. So kann er den eben behandelten Patienten loslassen, und er stellt sich bewusst auf den nächsten ein, damit er für ihn ganz «da» sein kann.

6. RITUALE BEI DER ARBEIT: INNEHALTEN

Es ist gut, wenn wir uns ganz auf die Arbeit einlassen. Für den hl. Benedikt ist es ein Kennzeichen echter Spiritualität, dass wir in der Arbeit unser Ego vergessen und uns hingeben an das, was wir tun. Aber es besteht immer auch die Gefahr, dass wir uns so in die Arbeit hineinverlieren, dass wir nicht mehr in Berührung sind mit uns selbst. Dann ist es gut, innezuhalten. Das deutsche Wort «innehalten» ist voller Bedeutung. Ich halte mitten im Tun inne, um das Tun zu unterbrechen. Ich komme von dem äußeren Tun nach innen. Ich spüre mein Inneres. So kann das, was ich tue, aus dem Inneren strömen. Es kommt aus meiner Mitte heraus. Es ist nicht einfach nur etwas Oberflächliches. Mein Tun ist von meinem Herzen erfüllt. In allem ist mein Herz, meine Seele zu spüren. Mein Tun ist beseelt.

Innehalten hat noch eine andere Bedeutung. Im Innehalten erfahre ich Halt. Das Wort «Halt» hat im Deutschen zwei ganz unterschiedliche Bedeutungen. Beim Autofahren müssen wir anhalten, wenn die Ampel auf Rot schaltet. Rot bedeutet: Halt, nicht weiter. Aber Halt ist auch das, was mich hält, was mir festen Halt gibt. Im Innehalten bekomme ich in meiner Arbeit wieder Halt. Wenn sie mich zu überrollen droht, dann kann ich mich wieder festhalten und aufrichten an dem inneren Halt. Viele merken gar nicht, wie es um sie steht. Sie überfordern sich in ihrer Arbeit, bis der Körper plötzlich reagiert und sie auf einmal nicht mehr weiterkönnen. Daher ist es gut, mitten in der Arbeit immer wieder einmal innezuhalten und zu spüren: Wie steht es um mich? Bin ich verkrampft, oder stehe ich unter Spannung? Oder bin ich mitten in meiner Arbeit gelassen und entspannt? Im Innehalten kann ich die Verspannung nicht nur spüren, sondern auch lösen und loslassen. Ich kann die hitzigen Emotionen abkühlen und das Aufgewühlte in mir zur Ruhe kommen lassen.

Das Innehalten geht so:
Ich setze mich für einen Augenblick achtsam hin und spüre in mich hinein.
Ich beobachte meinen Atem: Fließt er ruhig und gleichmäßig? Oder ist da eine innere Unruhe zu spüren?
Ich achte auf meinen Leib. Wo ist er angespannt?
Ich spüre zu meinem Herzen hin: Steht es unter Druck?

Dann kann ich den Atem wieder bewusst ruhiger fließen lassen. Und wenn ich im Herzen Druck spüre, kann ich den Druck loslassen. Das Innehalten führt also über den Atem und über das Herz und über den Leib in den inneren Raum der Stille, zu dem die Arbeit keinen Zutritt hat. So erfahre ich mitten in der Arbeit einen Freiraum. Dieser Freiraum gibt meiner Arbeit einen anderen Geschmack. Sie verliert das Bedrückende und Überfordernde. Mitten in der Arbeit bin ich ganz bei mir. Und wenn ich bei mir bin, spüre ich keinen Druck von außen. Ich lasse mich auf die Arbeit ein. Aber die Arbeit bestimmt und beherrscht mich nicht. Die Arbeit reißt mich nicht weg von mir. Vielmehr ist sie Ausdruck meiner Seele. Sie fließt aus meinem Inneren. Und die Menschen um mich herum werden meine Seele spüren in dem, was ich tue.

Es gibt Hilfen, die uns beim Innehalten unterstützen.

Eine Hilfe für das Innehalten ist, wenn ich mir heilende Bilder vorstelle und sie tief in meine Seele «ein-bilde».

Oft haben wir bei der Arbeit unbewusst negative Bilder in uns. Manche tragen das Bild des Hamsterrades mit sich herum und lassen sich innerlich davon bestimmen. Sie haben den Eindruck, dass der Druck immer größer wird, dass die Arbeit sich immer schneller dreht, dass sie strampeln und strampeln und doch keinen Boden unter die Füße bekommen. Eine Lehrerin erzählte mir, sie habe während ihres Unterrichts oft das Bild der Dompteurin in sich. Das ist auch ein anstrengendes Bild. Ein Priester konnte nicht mehr Gottesdienst feiern, weil er vor seinem inneren Auge immer das Bild mit sich herumschleppte, er stehe am Pranger, alle würden ihn beobachten und nur darauf achten, ob er einen Fehler mache. Andere haben das Bild von Druck, von Kontrolle in sich. Sie fühlen sich bei ihrer Arbeit unter dem Druck, alles in bestimmter Zeit erledigen oder aber ihre Arbeit immer perfekt machen zu müssen. Da ist es heilsam, sich beim Innehalten andere Bilder «einzubilden».

Ein heilendes spirituelles Bild ist das Bild, das Jesus uns im Johannesevangelium vor Augen stellt: das Bild des Weinstocks. Ich bin angeschlossen an den göttlichen Weinstock, an Christus selbst. Jesus sagt: «Wer in mir bleibt und in wem ich bleibe, der bringt reiche Frucht.» (Joh 15,5) Ein anderes Bild ist das der Quelle. Auf dem Grund meiner Seele sprudelt die unerschöpfliche Quelle des Heiligen Geistes. Wenn ich beim Innehalten in den Grund meiner Seele hineinspüre und mir vorstelle, dass dort diese Quelle strömt, dann bekommt meine Arbeit wieder eine größere Leichtigkeit.

Ein anderes Bild: Ich stehe im Dienst eines Größeren. Ich stehe nicht unter der Peitsche eines Chefs oder unter der Knute von Terminen, die mich antreiben. Ich stehe im Dienst Gottes. Das gibt meiner Arbeit eine neue Dimension und einen anderen Geschmack. Im Innehalten werde ich mir meiner krankmachenden und überfordernden Bilder bewusst und bilde mir heilende Bilder ein. Sie bringen mich in Berührung mit meinem wahren Selbst, mit dem ursprünglichen Bild, das Gott sich von mir gemacht hat. Und wenn ich mit diesem Bild in Berührung bin, dann verwandelt das auch meine Arbeit. Sie ist nicht mehr etwas Fremdes, nichts, was mich mir selbst entfremdet. Sie ist jetzt etwas, das aus mir herausströmt und von meinem eigenen Wesenskern her «beseelt» ist.

Ein Ritual, um innezuhalten und die Zeit als Geschenk zu erfahren, ist das folgende:
Setz dich in aller Stille hin und versuche, die Zeit wahrzunehmen.
Stille kommt ja von stellen, stehen bleiben.
Wenn du still wirst, dann bleibt auch die Zeit für dich stehen.
Dann bist du ganz im Augenblick.
Achte jetzt auf deinen Atem.
Mit jedem Atemzug vergeht die Zeit.
Neue Zeit kommt auf dich zu.
Neue Zeit wird dir geschenkt.
Alte und verbrauchte Zeit rinnt vorüber.
Unversehrte, unberührte Zeit kommt dir entgegen.
Versuche, in der Stille innezuhalten. Versuche, dich innen zu spüren.
Im Innehalten wirst du den heiligen Raum in dir spüren.
Das Heilige ist nicht nur das, was der Welt entzogen ist. Es ist auch das, was der Zeit entzogen ist.

Innehalten heißt: dich an dem festhalten, was jenseits der Zeit ist.
Es heißt: dich an Gott festhalten, der alle Zeit übersteigt und der dir jeden Augenblick schenkt.
In diesem Innehalten ist die Zeit nicht mehr flüchtig.
Sie wird dich nicht mehr auffressen, sondern sie kommt dir als unberührte, kostbare Zeit entgegen.
Lebe jetzt, in diesem Augenblick, in der Zeit.
Sie gehört dir. Sie ist ein Gottes-Geschenk. Denn Er ist der Ursprung aller Zeit.

7. ESSENSRITUALE

In vielen Familien ist es üblich, vor dem Essen gemeinsam zu beten. Das Ritual des gemeinsamen Tischgebets gibt dem Essen den Charakter des Mahles. Es geht nicht nur darum, den Magen zu füllen, das gemeinsame Essen ist keine Sättigungszeit, sondern eine Mahlzeit. Die Griechen nennen das gemeinsame Mahl «Symposion». Sie betonen, dass man sich beim Mahl zusammensetzt, um gemeinsam die Gaben Gottes zu genießen, aber auch, um Gespräche zu führen, die uns miteinander verbinden. Die griechischen Philosophen entwickelten ihre Gedanken beim gemeinsamen Mahl. Das deutsche Wort «Mahl» kommt von «Mal» und meint den festgesetzten Zeitpunkt, zu dem man zum gemeinsamen Essen zusammenkommt. Das Wort «Mal» bezeichnet (ähnlich wie «Ritus») das Abgemessene. Zu dieser Wortwurzel gehören auch die Wörter «Maß» und «Muße». Bei der Mahlzeit pflegt man die Muße. Man hat Zeit füreinander. Man erholt sich gemeinsam. Auch die lateinischen Wörter «meditari» (erwägen, meditieren) und «medicus» (Arzt, weiser Ratgeber) gehören dazu. Die gemeinsamen Mahlzeiten, auf diesem Bedeutungshintergrund verstanden, möchten eine ruhige Atmosphäre schaffen mitten in der Hektik des Alltags. Und sie wollen heilsam sein für Leib und Seele. In allen Religionen hat das Mahl immer auch heiligen Charakter. Die Juden halten das Paschamahl, die Christen feiern in Erinnerung an das letzte Abendmahl Jesu mit seinen Jüngern das heilige Mahl der Eucharistie. Der hl. Benedikt versteht die gemeinsamen Mahlzeiten der Mönche immer vor dem Hintergrund des heiligen Mahles, das in der Kirche gefeiert wird.

Das Bild des Symposions ist auch für die Mahlzeiten in der Familie hilfreich. Die Familie kommt zusammen und tauscht sich aus. Beim Mittagessen möchten die Kinder erzählen, was in der Schule passiert ist und was sie sonst bewegt. Während des Abendessens erzählen Vater und Mutter, was sich in ihrer Arbeitszeit Wichtiges zugetragen hat. Allerdings will auch ein solches Gespräch ritualisiert sein. Eine Mutter erzählte mir, ihr Mann beherrsche das Abendessen meistens mit den Problemen an seinem Arbeitsplatz. Die Kinder verstummten dann – sie haben ja auch keinen Platz in dieser Berufswelt des Vaters. Nun hat die Frau mit ihrem Mann die Vereinbarung getroffen, dass er mit ihr erst nach dem Abendessen über seine Arbeit spricht. Das Gespräch beim Abendessen soll vor allem den Kindern Raum geben, über ihre Erlebnisse zu sprechen. Der Vater fragt nun die Kinder, wie es ihnen in der Schule geht und was sie gerade durchnehmen. So fühlen sich die Kinder wahrgenommen und angenommen. Die ganze Atmosphäre hat sich verwandelt.

Das Tischgebet macht uns bewusst, dass es Gottes Gaben sind, die wir gemeinsam genießen dürfen. Wir segnen die Gaben, damit sie uns stärken auf unserem Weg, uns gesund halten und uns mit Freude erfüllen. Wir danken Gott, dass er uns täglich nährt und dass wir seine Güte und Menschenfreundlichkeit in den Gaben genießen dürfen, die er uns schenkt. Das Tischgebet gibt dem Mahl einen gemeinsamen Anfang und Schluss. Oft wird das Tischgebet zum Streitpunkt. Die Kinder rebellieren dagegen. Dann wäre es gut, den tieferen Grund ihres Widerstands herauszuspüren. Wogegen rebellieren sie? Wie könnten sie sich das Tischgebet vorstellen? Dann kann man darüber sprechen, ob man das Tischgebet neu gestaltet. In einer Familie übernimmt zum Beispiel jede Woche ein anderer die Gestaltung des Tischgebetes. Dann wird das Ritual nicht zur Routine. Die Eltern haben sich ein Buch mit Tischgebeten gekauft, um abzuwechseln. Der 18-jährige Sohn möchte Stille. Das macht dann die ganze Familie mit. Und die kleinen Kinder gestalten das Tischgebet kindgemäß. Sie laden alle ein, sich an der Hand zu fassen und sich guten Appetit zu wünschen. Das stärkt das Wir-Gefühl der Familie. In der Form des Rituals fühlt sich jeder ernst genommen, und jeder kann auf seine Weise das Ritual formen.

Andere Familien erleben es als hilfreich, immer das gleiche Gebet zu sprechen. Das gemeinsame Tischgebet gibt der Familie ein Stück Familienidentität. Es bindet die Familie zusammen. Oft wird ein Gebet gesprochen, das schon die Vorfahren gebetet haben. So spürt die Familie beim Tischgebet die Verbundenheit mit den Großeltern und Urgroßeltern. Die Kraft der Vorfahren begleitet sie. Und sie haben teil an dem Geheimnis, dass eine Familie um den gleichen Tisch versammelt ist, die Gaben Gottes genießt und sich von Gottes Schutz gestärkt und genährt weiß.

Auch wenn ich allein irgendwo esse, halte ich kurz inne, um Gott für das zu danken, was ich genießen darf. Dieses kurze Innehalten gibt mir ein Gespür dafür, dass ich achtsam essen will und nicht einfach in mich hineinschlingen möchte. Und es vermittelt mir: Es sind Gottes gute Gaben, die er mir schenkt. Wenn die Buddhisten ein Tischgebet sprechen, dann danken sie nicht nur Gott für seine Gaben, sondern auch den Menschen, die diese Gaben bereitet haben. Es sind ja viele Menschen daran beteiligt, dass diese Früchte, dieses Gemüse, dieses Fleisch auf unseren Tisch kommen. Sie haben mitgeholfen, dass die Früchte der Erde gedeihen können. Sie haben sie geerntet und sie aufbereitet, so dass wir sie heute essen dürfen. Wenn wir diese Achtsamkeit üben, dann verbindet uns das Essen mit all den Menschen, die auf der weiten Welt für uns arbeiten und wirken.

8. AM ENDE DER ARBEIT

Rituale schließen eine Tür und öffnen eine Tür. Viele, die von der Arbeit nach Hause kommen, haben die Tür der Arbeit nicht geschlossen. Die Kinder daheim sprechen sie an, aber sie hören gar nicht richtig hin. Und schon gibt es Konflikte. Die Frau freut sich auf das Kommen des Mannes. Aber sie erlebt ihn als abwesend. Er ist immer noch mit seiner Arbeit beschäftigt. Der Konflikt in der Arbeit hängt ihm noch an. Er ist noch voll von den Emotionen, die die Arbeitssituation in ihm ausgelöst hat. Der unaufgearbeitete Ärger oder die Sorgen um die Zukunft der Firma nagen an ihm. So ist er unfähig, sich auf die Familie einzulassen. Er ist in seinem Geist ganz woanders.

Es ist gut, am Ende der Arbeit die Tür zu schließen, damit sich die Tür des Zuhauses auch auftun und ein neuer Raum betreten werden kann. Wer die Tür der Arbeit nicht schließt, der steht gleichsam immer im Durchzug. Doch das tut der Seele nicht gut.

Ein Ritual am Ende der Arbeit ist: sich im Büro noch drei Minuten hinsetzen, um all das, was in der Arbeit war, auszuatmen und im Ausatmen loszulassen.

Ein anderes Ritual besteht darin, den Heimweg von der Arbeitsstelle zu nutzen, um sich innerlich zu verabschieden von dem, was war, und sich einzustellen auf das, was mich daheim erwartet. Ich kenne Menschen, die bewusst zu Fuß von der Arbeit nach Hause gehen, auch wenn das eine halbe Stunde dauert. Im Gehen können sie sich befreien, im wörtlichen Sinn «freigehen» von dem, was sie belastet und tagsüber bedrückt hat.

Andere fahren mit dem Bus und nutzen diese Zeit, die Arbeit loszulassen und sich auf das Daheim zu freuen. Sie stellen sich vor, was sie erwartet. Und sie stellen sich auf die Familie ein, auf die Kinder mit dem, was sie gerade bewegt, auf den Ehepartner, auf die alten Eltern.

Andere nutzen die Zeit im Bus oder im Zug, um in dem Buch zu lesen, das sie für ihre Fahrten eingesteckt haben. In der Lektüre tauchen sie in eine andere Welt ein, in eine Welt, die ihnen guttut und die die Welt der Arbeit, aus der sie kommen, zurückdrängt oder in ein anderes Licht taucht. Beim Lesen spüren sie sich selbst. Sie kommen mit ihrem Herzen in Berührung. So sind sie wieder bei sich, wenn sie daheim ankommen.

Spätestens wenn wir die Klinke der Haustüre drücken, sollen wir uns vorstellen, dass die Arbeit draußen bleibt und dass wir nun einen neuen Raum betreten, den Raum des Zuhauses.

Früher gab es Schwellenrituale, die mit Reinigung zu tun hatten. Man stolperte nicht einfach in das Haus hinein. Man nahm Weihwasser und bekreuzigte sich damit: die Stirn, den Unterbauch, die linke und rechte Schulter. Damit drückte man aus: Ich reinige mein Denken, das noch durch die Arbeit getrübt ist. Ich reinige meine Vitalität von destruktiven Gefühlen wie Ärger und Wut. Ich reinige das Unbewusste, in dem sich verdrängte Gefühle festgesetzt haben. Und ich reinige das Bewusste, das Handeln, damit ich jetzt klar und richtig handle. Wer dieses alte Schwellenritual bewusst vollzieht, wird spüren, dass es ihm guttut.

Es gibt andere Schwellenrituale, die eine Art Grenzziehung gegenüber den belastenden Erfahrungen des Tage sind: Ich trete ganz bewusst über die Schwelle meines Hauses. Ich freue mich, daheim zu sein. Ich nehme die Atmosphäre des Hauses wahr. Und ich mache mir bewusst: Ich will diesem Haus Frieden bringen. Ich will mich ganz auf die Menschen einlassen, denen ich jetzt in diesem Hause begegne. Jesus hat seinen Jüngern dieses Schwellenritual empfohlen: «Wenn ihr in ein Haus kommt, so sagt als Erstes: Friede diesem Haus!» (Lk 10,5)

9. FEIERABENDRITUAL

Das Wort Feierabend kommt ursprünglich daher, dass der Abend vor einem Feiertag schon zum Fest gehörte. Man bereitete sich an diesem Abend schon auf das Fest vor. Heute benutzen wir dieses Wort für jeden freien Abend. Mit diesem Wort drücken wir aus, dass wir den Abend feiern wollen. Unser deutsches Wort «Feiertag» kommt ja vom lateinischen Wort «feriae» (geschäftsfreie Feiertage, für religiöse Handlungen bestimmte Tage). Wenn wir vom Feierabend sprechen, dann klingt in diesem Wort noch nach, dass es eine freie Zeit sein soll, eine Zeit, die wir nicht wieder zustopfen mit Aktivitäten. Vielmehr sind Feiertage und Feierabende letztlich immer auf Gott bezogen. Am Feierabend soll ich spüren, dass mein Leben in Gottes Hand ist und nicht von anderen Menschen, auch nicht von Ansprüchen der Wirtschaft bestimmt wird.

Wir sprechen von einem feierlichen Gottesdienst oder einer feierlichen Stunde. Darin schwingt die äußere Gestaltung mit, aber auch das Erhebende des Augenblicks. Der Feierabend soll uns über den Alltag erheben und uns in Berührung bringen mit dem Eigentlichen, mit dem Grund unseres Lebens, mit Gott. Daher brauchen wir Rituale, die das Feiern zum Ausdruck bringen. Rituale bringen in die verzweckte Zeit, die vom Profit bestimmt ist, Freiheit und Weite. Die Zeit, in der wir ein Ritual vollziehen, gehört uns. Wir nehmen uns die Zeit vor Gott und genießen die geschenkte Zeit.

Die Griechen fassten unser Leben als ein beständiges Fest auf. Aus einem solchen Verständnis heraus gestalten wir es mit

Ritualen. Rituale drücken aus, dass unser Leben einen Wert hat. Es ist wert, gefeiert zu werden.

Ein Manager erzählte mir, er gehe nach der Arbeit sofort unter die Dusche und ziehe dann bequeme Kleider an. Er hat gleichsam «Feiertagskleider» an, mit denen er den Abend feiern kann, mit denen er das Lockere und Leichte des Abends in der Familie genießen kann.

Ein Feierabendritual könnte auch sein, vor dem Abendessen Gott in einem kurzen Gebet zu danken für das, was heute in der Arbeit gelungen ist und was in der Familie Gutes geschehen ist. Und wir danken für die freie Zeit, die wir jetzt haben. Jeder in der Familie ist frei. Jeder kann seine Zeit gestalten, wie er will. Diese freie Zeit zu genießen tut der Seele und dem Leib gut.

Aber es ist auch ein Bedürfnis der Familie, die Zeit des Abends gemeinsam zu feiern, indem man sich Zeit lässt für das gemeinsame Mahl. Beim Essen kann man sich gegenseitig erzählen, was der Tag einem gebracht hat. Zum Feierabend gehört auch das gemeinsame Spielen oder Erleben: ein gemeinsamer Spaziergang im Sommer oder gemeinsames Musizieren im Winter. Familien, die gerne miteinander musizieren, erleben den Abend wirklich als Feierabend. Die Musik bringt eine andere Atmosphäre ins Haus. Und wenn die Eltern mit den Kindern spielen, dann erleben sie den Abend wirklich als Feierabend. Das Spielen führt die Familie zusammen und gibt ihr das Gefühl von Leichtigkeit und Freiheit.

Feiern hatte immer das Ziel, einen Raum des Aufatmens zu schaffen, zur Ruhe zu kommen, unsere Gefühle zu klären und so unsere Lebensenergie zu erneuern. In einer Zeit, in der auch die freie Zeit mit vielen Aktivitäten verplant wird, täte es dem Einzelnen und der Familie gut, Phantasie zu entwickeln und zu überlegen, welche Feierabendrituale helfen könnten, mit den eigenen Quellen von Kraft und Lebendigkeit in Berührung zu kommen.

10. STRESSRITUALE

Viele fühlen sich am Abend gestresst. Sie möchten wieder mit ihrer inneren Quelle in Berührung kommen. Sie möchten spüren, dass die Quelle in ihnen nicht versiegt ist, sondern weiterhin sprudelt.

Für den einen ist die Meditation der Weg, mit seiner Quelle in Berührung zu kommen. Im Ausatmen atme ich den Staub des vergangenen Tages aus, die Sorgen und Probleme, alles, was sich auf meine Seele gelegt hat. Und im Ausatmen gelange ich auf den Grund meiner Seele und stelle mir vor, dass dort die Quelle strömt. Im Einatmen lasse ich dann das frische Quellwasser in den Leib fließen.

Für einen anderen ist ein Spaziergang durch die Natur belebend. In der Natur hat er teil an ihrer Lebenskraft, die schier unerschöpflich zu sein scheint. Er spürt die frische Abendluft und erneuert sich, indem er den immer frischen Geist Gottes, der die Schöpfung durchdringt, in sich einströmen lässt. Und er erfährt in der Natur, dass die Natur nicht bewertet. Er darf einfach *sein*. Die Natur lädt ihn ein, all das Grübeln über die Arbeit und ihre Folgen zu lassen und sich einfach dem Leben zu überlassen, das ihn überall umgibt.

Ein anderer freut sich darauf, im Joggen all die Emotionen, die bei der Arbeit hochgekommen sind, all seine Sorgen und Ängste loszulassen und sich gleichsam freizulaufen von dem, was ihn belastet.

Gehen, Wandern und Laufen sind gute Möglichkeiten, frei zu werden von allem, was uns bedrückt. Sören Kierkegaard meinte, er kenne keinen Kummer, von dem er sich nicht freigehen könne.

Das Joggen hat noch eine andere Funktion. Im Laufen komme ich mit meiner Kraft wieder in Berührung. Auch wenn ich nach dem Joggen müde bin, fühle ich mich nach dem Duschen innerlich wieder erquickt und wie neugeboren. Die Spannung, die der Stress erzeugt hat, ist abgefallen.

Jeder hat seine eigenen Stressrituale. Es kommt darauf an, in sich selbst hineinzuschauen und sich zu fragen, was einem helfen könnte, am Abend den Stress loszulassen. Ich kann mich fragen: Worauf hätte ich Lust? Was täte mir gut? Solche Fragen führen einen auf den besten Weg, um vom Denken an die Arbeit loszukommen.

11. DEN TAG AUSKLINGEN LASSEN

Genießen Sie einen schönen Sommerabend.
Setzen Sie sich auf eine Bank
und betrachten Sie die Natur.
Hören Sie auf das Zirpen der Grillen,
auf das leise Rauschen des Windes.
Schauen Sie einfach,
wie die Sonne langsam untergeht.
Achten Sie darauf,
welche Farben sie an den Himmel zaubert.
Und genießen Sie die Ruhe des Sommerabends.
Versuchen Sie,
einfach nur dankbar da zu sein,
alles zu vergessen, was sie bedrückt hat,
alles, was Sie den Tag über belastet hat,
versuchen Sie, alle Sorgen hinter sich zu lassen
und nur im Schauen und Hören zu sein.
Dann wird die Schönheit der Natur
sich auch in Ihr Herz eingraben.
Und die Ruhe der Natur
wird Ihnen Frieden schenken.

12. ABENDRITUAL: DIE HÄNDE GOTT HINHALTEN

Halten Sie jeden Abend, bevor Sie ins Bett gehen, Ihre Hände in Form einer Schale Gott hin. Die Hände zeigen uns, was wir heute in die Hand genommen haben, was wir geformt, gestaltet, auf den Weg gebracht haben. Mit den Händen haben wir Menschen berührt. Die Hände erinnern mich an die Menschen, denen ich die Hand gegeben habe, und an die Art und Weise, wie ich die Hand gegeben habe. Und die Hände zeigen mir, was Gott mir heute in die Hand gelegt hat, was er mir an Fähigkeiten geschenkt hat. Sie erinnern mich auch an Begegnungen, Einsichten und Erlebnisse. All das halte ich in meinen Händen Gott hin.

Versuchen Sie folgendes Ritual:
Halten Sie Ihre Hände und alles, was darin ist, Gott hin.
Verzichten Sie darauf, zu bewerten, was heute geschehen ist.
Bewerten Sie nicht das, was Sie getan und gesprochen haben.
Schließen Sie auch die Schwierigkeiten des heutigen Tages mit ein.
Halten Sie auch Ihre Wunden und Ihre Dunkelheiten Gott hin.
Übergeben Sie ihm alles, was Sie in Ihren Händen halten.
Spüren Sie nach, was sich dabei für Sie verändert.
Wenn Sie ihm alles übergeben, bekommen Sie Abstand zu dem, was Sie belastet.
Ihre Hände verweisen Sie auf Gottes gute Hände.
In ihnen dürfen Sie sich bergen.

Gottes zärtliche Hände tragen Sie.
Seine starken Hände schützen sie,
sie umgeben Sie und begleiten Sie.
In diese Hände hinein dürfen Sie sich fallen lassen.
Lassen Sie sich diese Nacht in diese Hände fallen.
Mit allem, was Sie beschäftigt.
Mit ihren Sorgen und Ängsten.
Mit Ihren Dunkelheiten
und mit ihren depressiven Gefühlen.
Indem Sie sich fallen lassen,
fällt von Ihnen ab, was Sie belastet.
Bergen Sie sich in Gottes mütterlichen Händen.
Gottes Hände tragen Sie.
Und wenn Sie möchten, können Sie mit Jesus die Worte sprechen:
«Vater, in deine Hände lege ich meinen Geist.»

13. ABENDRITUAL: DIE TÜR SCHLIESSEN

Stellen Sie sich aufrecht hin. Kreuzen Sie die Hände über der Brust, so dass die Fingerspitzen die Schultern berühren.
Es ist, als ob Sie die Tür schließen und den inneren Raum schützen.
Es ist der Raum des Schweigens, ein heiliger Raum, zu dem die Welt keinen Zutritt hat, auch die Menschen nicht mit ihren Erwartungen und Ansprüchen. Ihre Kinder haben keinen Zutritt, Ihr Ehepartner nicht, und vor allem nicht die Kollegen und Vorgesetzten bei der Arbeit.

Auch die eigenen Sorgen und Ängste, die Selbstentwertungen und Selbstbeschuldigungen können in diesen Raum der Stille nicht vordringen.
In diesem heiligen Raum kann Sie niemand verletzen.
Auch Sie selbst nicht.
Dort sind Sie heil und ganz.
Dort haben auch Ihre Schuldgefühle keinen Zutritt.

Es ist ein heiliger Raum. Dort, wo das Heilige in Ihnen ist, sind Sie heil. Und Sie fühlen sich geschützt. Das griechische Wort für «heilig», «hagios», meint, dass das Heilige unsere Wunden heilt. Und von diesem Wort leiten sich die deutschen Wörter «Gehege», «Hag» und «behaglich» her.
Wo das Heilige in Ihnen ist, fühlen Sie sich behaglich.
Da sind Sie geschützt.
Da sind Sie ganz Sie selbst.

Da kommen Sie in Berührung mit dem ursprünglichen und unverfälschten Bild, das Gott sich von Ihnen gemacht hat.
Ihr innerster Kern ist gut, authentisch, echt und ohne Makel.
Dort wohnt Gott in Ihnen. Und wo Gott, das Geheimnis, in Ihnen wohnt, können Sie bei sich selbst daheim sein.
Genießen Sie diesen stillen Raum in sich, in dem Sie ganz bei sich und bei Gott sind.
Auch wenn Sie sich erschöpft fühlen, strömt in diesem inneren Raum die Quelle des Heiligen Geistes.
Auch wenn Sie ausgebrannt sind, können Sie in diesem Raum die Glut des Heiligen Geistes spüren, der Sie mit Wärme und Liebe erfüllen will.

In diesen inneren Raum der Stille, in dieses innere Haus hinein können Sie das alte kirchliche Abendgebet sprechen, das schon mehr als 1600 Jahre alt ist. Vielleicht berühren die alten Worte auch Ihr Herz:

«Herr, kehre ein in dieses Haus und lass deine heiligen Engel darin wohnen. Sie mögen uns in Frieden behüten. Und dein heiliger Segen sei allezeit über uns und um uns und in uns. Darum bitten wir durch Christus, unseren Herrn. Amen.»

14. DAS ZU-BETT-GEHEN

In jungen Familien gehört das Ritual des Zu-Bett-Bringens der Kinder zu den wichtigsten Bestandteilen des Abends. Kinder brauchen Gute-Nacht-Rituale. Kinder haben Angst vor der Nacht. Das immer gleiche Ritual am Abend nimmt ihnen die Angst vor der Dunkelheit. Und das Gute-Nacht-Ritual ist für sie die Vergewisserung, dass die Eltern für sie da sind und für sie Zeit haben, dass sie von ihnen geliebt sind. Kinder brauchen diese Sicherheit, dass die Eltern sie morgens und abends begleiten. Ihnen fehlt etwas, wenn das Abendritual ausfällt.

Manche Eltern erzählen ihren Kindern etwas.
Manche Eltern lesen den Kindern Geschichten vor und machen die Erfahrung, dass die Kinder gerade die wörtliche Wiederholung einer immer gleichen Geschichte lieben.
Andere beten mit ihnen, entweder in persönlichen Worten, die den Tag nochmals reflektieren, oder aber in einem kindgemäßen Abendgebet, das das Kind mitspricht.

Das Gebet sollte immer auch Berührung vermitteln. Ein gutes Ritual ist es daher auch, wenn der Vater oder die Mutter am Schluss des Gebetes dem Kind die Hand auf den Kopf legt und es für die Nacht segnet. Eine Frau erzählte mir, sie spüre heute noch die schwere und warme Hand ihres Vaters auf ihrem Kopf, die er ihr beim Abendsegen immer aufgelegt hat.

Unabhängig von der Familie sollten wir selbst darauf achten, wie wir zu Bett gehen, ob wir einfach nur müde ins Bett fallen oder diese letzten Augenblicke am Tag bewusst vollziehen.

Setz dir eine feste Zeit, zu der du ins Bett gehen willst.

Manche kommen abends einfach nicht ins Bett. Sie meinen, sie müssten noch dies und jenes erledigen. Oder sie setzen sich vor den Fernseher, weil sie zu müde sind, etwas Sinnvolles zu tun. Und dann bleiben sie länger sitzen, als ihnen guttut. Am nächsten Tag ärgern sie sich darüber, dass sie wieder einmal ihre Zeit vergeudet haben. Es ist gut, eine feste Zeit zu haben, zu der man schlafen geht.
Es geht nicht darum, sich in einen Zeitplan einzuzwängen. Es geht darum, durch eine kluge Tagesordnung Freiräume zu schaffen, in denen man die Zeit genießen oder wirklich das tun kann, was einem Freude macht.
Zieh dich am Abend langsam aus. Es ist ein Ritual des Übergangs.
Du wirst sehen, wie das Ablegen der Kleider zum Symbol für das Ablegen des Tages mit seiner Mühe werden kann.
Lass dir Zeit zum Waschen oder Duschen.
Lass dabei all den Schmutz des vergangenen Tages abfließen.
Und dann leg dich bewusst ins Bett.
Lass dich in Gottes gute Hände fallen.
Genieße es, dich ins Bett zu kuscheln.
Erlebe es ganz bewusst,
wie geborgen du bist im warmen Bett.
Auch das wird zum Symbol dafür,
dass Gottes zärtliche Hände dich bergen.

ZWEITER TEIL 15–38

Das Jahr erleben

Nicht nur der Tag hat seinen Rhythmus, sondern auch das Jahr. Die Natur hält uns diesen Rhythmus vor Augen und lässt ihn uns auch spüren und erleben: Frühling, Sommer, Herbst und Winter erleben wir jeweils anders.

Die Jahreszeit wirkt auch in unsere Seele hinein. Es tut uns gut, uns auf den Rhythmus des Jahres und die verschiedenen Qualitäten der Jahreszeiten einzulassen. Rituale sind ein guter Weg, uns auf diesen inneren natürlichen Rhythmus unserer Seele einzuschwingen.

Seit jeher haben die Menschen das Jahr mit Ritualen gefeiert. Sie haben den Beginn des Frühlings, des Sommers, des Herbstes und des Winters durch Rituale gestaltet. Man spricht von Übergangsritualen. Sie beziehen sich nicht nur auf die Übergänge des Lebens wie Geburt, Erwachsenwerden und Sterben, sondern auch auf die Übergänge, die uns jährlich die Jahreszeiten bescheren.

Auch solche Übergänge wollen bewältigt und gestaltet werden, damit die jeweiligen Jahreszeiten eine fruchtbare Zeit auch für Leib und Seele werden: damit wir also im Herbst lernen, Altes zu lassen, im Winter nach innen gehen, im Frühling dem Neuen in uns Raum geben und im Sommer das aufblühen lassen, was an Leben in uns steckt.

Die Kirche hat in der Ausprägung des kirchlichen Jahreskreises den Rhythmus der Jahreszeiten aufgegriffen. Sie hat die alten heidnischen Feste an den Übergängen gleichsam «getauft» und so mit neuem Bedeutungsgehalt gefüllt. Dabei hat sie den natürlichen Rhythmus des Jahres mit dem Heilsjahr verbunden, das Lukas uns in seinem Evangelium als das Jahr des Wirkens Jesu schildert. Lukas stellt sich vor, dass das Heilsjahr, das in Jesus Christus in dieser Welt erfahrbar wurde, in der Liturgie des Kirchenjahres immer wieder gegenwärtig wird, damit das Heilende des Wirkens Jesu sich mehr und mehr in unsere Welt und in unsere Geschichte einprägt. Die Kirche hat die wichtigsten Feste, in denen sie des Heilsgeschehens gedenkt, mit den Jahreszeiten verbunden.

Weihnachten feiert sie am dunkelsten Tag des Jahres. Sie greift das römische Fest des «Sol invictus», des «unbesiegbaren Sonnengottes», auf, um zu bekennen, dass in Christus die wahre Sonne aufgeht und unsere Dunkelheit vertreibt.

Sie feiert zu Beginn des Frühlings Ostern als das Fest der Auferstehung. Das Leben siegt über den Tod.

Sie feiert zu Beginn des Sommers das Fest Johannes' des Täufers, der auf Christus hinweist und bekennt, dass er abnehmen muss, damit Christus wachsen kann. Es geht um ein inneres Wachsen, das uns der Sommer äußerlich vor Augen hält.

Den Beginn des Herbstes feiert die Kirche einmal mit dem Erntedankfest. Sie begeht ihn aber auch mit dem Engelfest, dem Fest von Michael, Gabriel und Rafael, um uns zu zeigen, dass die Engel uns im Herbst unseres Lebens begleiten, schützen und heilen.

Es geht aber nicht nur darum, die kirchlichen Feste zu feiern, sondern sie auch durch persönliche Rituale und durch Rituale in der Familie für das eigene Leben fruchtbar zu machen. Seit den ersten Jahrhunderten war es immer ein Bedürfnis des Volkes, die Feste des Kirchenjahres auch durch persönliche Rituale ins Leben zu übersetzen. Es entwickelte sich ein reiches Brauchtum, das oft auch frühere heidnische Bräuche übernommen, diese aber christlich umgeprägt hat.

Es würde zu weit führen, all diese Bräuche und Rituale zu beschreiben. Ich beschränke mich auf einige Rituale, die wir während eines Jahres persönlich vollziehen können, damit wir erleben: Es ist ein gesegnetes Jahr und ein Heilsjahr, in dem unsere Wunden heilen und in dem wir mit dem Heil in Berührung kommen, dessen Erscheinen wir an Weihnachten feiern.

15. DAS NEUE JAHR SEGNEN

Das Ende eines Jahres und der Beginn eines neuen Jahres üben immer wieder eine besondere Faszination auf die Menschen aus. Es ist ein Bedürfnis, das alte Jahr gut abzuschließen und das neue mit Gottes Segen zu beginnen. In unserer Familie haben wir den Silvesterabend immer mit unseren Verwandten und Freunden begangen. Wir haben feierlich Mahl gehalten. Mein Vater hielt jedes Jahr eine Ansprache, in der er das vergangene Jahr nochmals Revue passieren ließ und Gott für alles, was im Jahr geschehen war, dankte. Schließlich bat er Gott um Segen für das kommende Jahr. Und dann haben wir den Jahresbeginn immer mit einem Glas Sekt begonnen.

Als Mönch habe ich 20 Jahre lang zum Jahreswechsel einen Kurs mit Jugendlichen gehalten. Bei diesen Kursen haben wir uns ausführlich mit dem Loslassen des vergangenen Jahres und dem Hineinschreiten in das neue Jahr beschäftigt. In der Silvesternacht haben wir einen langen Gottesdienst gehalten, der um 21 Uhr begann und oft bis 2 Uhr oder gar bis 3 Uhr nachts dauerte. Betend, schweigend und feiernd haben wir den Wechsel von einem Jahr zum anderen begangen. Um Mitternacht saßen wir immer in der dunklen, nur von Kerzen beleuchteten Abteikirche. Schweigend erlebten wir das Verrinnen der alten Zeit und das Nahen der neuen, unverbrauchten Zeit. Schweigend konnten wir das Alte lassen und das Neue begrüßen. Das erste Wort, das wir dann miteinander sprachen, war das Vaterunser. Wir bildeten große Kreise um den Altar, fassten uns an der Hand und sprachen in das Schweigen hinein die Worte des Gebets, das Jesus uns gelehrt hat. Sie bekamen in diesem Augenblick eine ganz neue Bedeutung. Inzwischen wird in vielen Kirchen ein Angebot der Stille gemacht. Man verbringt den Übergang vom alten zum neuen Jahr bewusst schweigend in der Kirche, vielleicht eingeführt mit einem meditativen Orgelspiel, dann aber auch mit Gebeten, und man beendet dann diese Zeit der Besinnung mit einem Segen für das neue Jahr.

Ganz gleich, wie Sie das neue Jahr beginnen,
allein oder in Gemeinschaft,
schweigend oder feiernd,
ein guter Weg ist es immer, das neue Jahr zu segnen:
Stellen Sie sich aufrecht hin
und erheben Sie die Hände zur Segensgebärde.
Halten Sie die Hände über dem Kopf
nach vorne geöffnet
und senden Sie den Segen
durch Ihre Hände zu allem,
was Ihnen im neuen Jahr begegnen wird.
Vertrauen Sie darauf,
dass Gottes Segen durch Ihre Hände in alles hineinfließt,
was Sie in diesem Jahr
in die Hand nehmen und anpacken werden.
Dann werden Sie mit größerem Vertrauen in das neue Jahr gehen.
Versuchen Sie, jeden Tag im Januar mit dieser Segensgebärde zu beginnen.
Schicken Sie den Segen in die Räume Ihrer Wohnung
und zu den Mitgliedern Ihrer Familie
und zu Ihren Freunden.
Senden Sie den Segen auch in die Räume, wo Sie arbeiten,

und zu den Menschen, mit denen Sie zusammenarbeiten.
Dann werden Sie den Tag anders erleben.
Sie gehen überall in gesegnete Räume
und werden gesegneten Menschen begegnen.
Das wird auch Ihnen Segen bringen.

16. DAS HAUS SEGNEN (EPIPHANIE)

Als Kinder haben wir uns immer auf die Haussegnung am Fest Epiphanie (Dreikönigsfest) gefreut. Der Vater hat an die Haustür die Jahreszahl und die drei Buchstaben C + B + M geschrieben. Wir meinten, es seien die Namen der drei Könige: Caspar, Melchior und Balthasar. Doch es heißt: «Christus mansionem benedicat» – «Christus segne dieses Haus». Und dann sind wir mit dem Weihrauchfass durch die Räume des Hauses gegangen und haben überall den Weihrauchduft verbreitet. Der Brauch geht auf heidnische Rituale zurück. Doch er hat auch heute durchaus seine Bedeutung. Wir brauchen nicht wie die Heiden dämonische Mächte zu vertreiben. Doch auch unser Haus ist oft voll von negativen Emotionen. Die Konflikte des vergangenen Jahres haben sich in den Räumen festgesetzt. Verdrängte Gefühle und übergangene Verletzungen haben nicht nur die Seelen, sondern auch die Räume getrübt. Indem wir die Räume mit Weihwasser besprengen und mit Weihrauchduft erfüllen, reinigen wir alle Trübungen. Wir erfüllen die Räume wieder mit dem Geist Jesu Christi, damit wir in unserem Haus wirklich zu Hause sein können. Wir lassen diesen Geist bewusst ein, damit wir Heimat erfahren, weil wir wissen, dass Gott, das Geheimnis, in unserem Hause wohnt.

Überlegen Sie, welche Form des Haussegens für Sie hilfreich ist. Die traditionelle Haussegnung beginnt an der Haustür. Auf diese Tür schreiben Sie mit Kreide die Jahreszahl und

die Segensworte C + B + M. Dann gehen Sie durch die einzelnen Räume des Hauses.
Halten Sie kurz inne und bedenken Sie, was jeder Raum für Sie bedeutet.
Dann sprechen Sie bei Weihwasser und Weihrauch Worte des Segens in diesen Raum hinein. Auch gute und heilende Worte wirken sich aus und vertreiben all die negativen Worte, die vielleicht im vergangenen Jahr dort gesagt wurden. Das Wohnzimmer braucht andere Worte als das Arbeitszimmer, die Küche andere als das Schlafzimmer. Im Haussegen werden Sie sich der Bedeutung der einzelnen Räume bewusst. Sie werden sie im kommenden Jahr anders erleben, wenn Sie sich immer wieder an die Segensworte erinnern, die Sie in diese Räume hineingesprochen haben.
Den gemeinsamen Haussegen können Sie dann mit einem festlichen Mahl beschließen. Es ist ein Mahl, wie es Jesus immer wieder mit seinen Jüngern gehalten hat: ein Mahl der Freude und Dankbarkeit. Sie haben als Familie eine Wohnung, in der Sie sich geborgen fühlen und in der Gott selbst mitten unter Ihnen wohnt. Damit haben Sie allen Grund, sich zu freuen, dankbar zu sein und es bewusst zu feiern.

17. KERZEN MIT NACH HAUSE NEHMEN (LICHTMESS)

Traditionell endete die Weihnachtszeit mit dem Fest Mariä Lichtmess am 2. Februar. Heute nennt es die Liturgie: «Fest der Darstellung des Herrn». In der Landwirtschaft war es früher ein wichtiges Fest, da an diesem Tag die Knechte und Dienstmägde ihren Dienst aufnahmen. Die Ostkirche nennt es das Fest der Begegnung. Simeon und Hanna begegnen im Tempel Maria und Josef mit ihrem Kind. Simeon nimmt das Kind in seine Arme und besingt das Licht, das in diesem Kind für unsere Welt aufgeleuchtet ist.

Für mich gehört es zum Ritual dieses Tages, dass ich die Kantate von Johann Sebastian Bach «Ich habe genug» höre, gesungen von Dietrich Fischer-Dieskau. In dieser Bachkantate hören wir den biblischen Simeon, der in dem Kind das Heil erblickt hat und jetzt «genug hat» und in Frieden scheiden kann. Mit dieser wunderbaren Musik endet für mich die Weihnachtzeit. Sie lädt mich ein, Christus in mein Herz aufzunehmen und mit ihm durch den Alltag des Jahres zu schreiten.

An diesem Tag werden zu Beginn der Eucharistiefeier Kerzen geweiht und angezündet. Mit ihnen zieht man in die dunkle Kirche und nimmt sie dann am Ende der Feier mit nach Hause. Wenn es Ihnen möglich ist, nehmen Sie an diesem Tag am Gottesdienst teil, und nehmen Sie die gesegnete Kerze mit in ihr Haus. Wenn es nicht möglich ist, dann zünden Sie bewusst an diesem Tag in Ihrer Wohnung eine Kerze an. Vielleicht haben Sie eine Marienstatue oder ein Marienbild in Ihrer Wohnung. Dann stellen Sie die brennende Kerze vor das Marienbild. Maria ist ein Bild für uns selbst. Wir sollen wie Maria das Licht Jesu Christi in diese Welt hineintragen. Durch Sie soll diese Welt heller und menschlicher werden. Vertrauen Sie darauf, dass Sie selbst Licht in sich tragen und Licht sind. Die Kerze will Ihnen zeigen, wer Sie im Tiefsten sind: ein Licht, das die Herzen der Menschen erleuchtet.

Segnen Sie die Kerze, die Sie in Ihrer Wohnung entzünden. Segnen heißt, dass Sie Worte sprechen, die das Wesen der Kerze zum Ausdruck bringen. Sie können das mit folgenden Worten tun: «Barmherziger und guter Gott, segne diese Kerze, die wir am Fest der Darstellung des Herrn anzünden. Ihr Licht möge das Licht Jesu Christi in unsere Welt und in unseren Alltag hineintragen, damit wir auch in unserem alltäglichen Tun von deinem Licht umgeben und gesegnet sind. Dein Licht, das in der Geburt Jesu Christi aufgeleuchtet ist, möge unsere Dunkelheit erleuchten. Es möge Licht hineinbringen in unsere Arbeit, damit durch sie die Welt heller wird. Und lass uns in diesem Licht die Wärme deiner Liebe spüren, damit wir in allem, was wir tun und sagen, deine Liebe in diese Welt hinaustragen. So leuchte diese Kerze und erwärme die Kälte unserer Herzen und unserer Welt, durch Christus, unseren Herrn. Amen.»

Ein Licht-Ritual, das das Gelingen unseres Lebens verheißt, ist das folgende:
Setz dich still vor eine Kerze und zünde sie behutsam an.
Vergewissere dich mit diesem einfachen Ritual, dass das Licht Gottes über deinem Leben aufgeht und dir verheißt, dass dein Leben gelingen wird.
Natürlich weißt du, dass vom Anzünden der Kerze nicht das Gelingen deines Lebens abhängt. Aber indem du achtsam

das Licht anzündest, drückst du aus, dass dein Leben unter der Verheißung Gottes steht: «Ich vollbringe an dir, was ich dir verheißen habe.»
Schau in das Licht hinein und lass dieses Licht in alle Abgründe deiner Seele eindringen.
Schau in die verschlossenen Bereiche, in denen Verdrängtes und Unterdrücktes verborgen liegt.
Schau in die Dunkelheit deiner Trauer, in deine Angst, in deine Zweifel, in deine Unsicherheit, in deine Leere.
Stelle dir vor, dass alles in dir von diesem warmen, zärtlichen Licht der Kerze erleuchtet wird.
Im Licht dringt Gottes Liebe in dich ein.
Sie verurteilt dich nicht. Sie vermittelt dir: Alles in dir darf sein. Aber alles kann auch verwandelt werden durch das Licht und durch die Liebe.
Es geht bei diesem Ritual gar nicht darum, viel zu denken.
Lass das Licht einfach in dich eindringen.
Vielleicht spürst du dann auch, wie es dir warm ums Herz wird, wie Liebe in dich einströmt und dir vermittelt: Alles ist gut.
Vielleicht kommen auch Sehnsüchte hoch oder Bedürfnisse oder nicht gelebte Seiten an dir.
Das kann manchmal schmerzlich sein.
Doch es ist gut, wenn das Licht der Kerze dich in Berührung bringt mit deiner Sehnsucht.
Es zeigt dir, dass dein Leben nicht so eng und so leer ist, wie du es manchmal erfährst.
In dir ist Sein Licht. Es will alles in dir erleuchten, heilen, mit Liebe und Hoffnung erfüllen.

18. FASTENZEIT: ENTRÜMPELN

Die Fastenzeit ist eine Zeit des Trainings für die innere Freiheit. Das kann beim Essen und Trinken ansetzen, wenn wir bewusst auf Alkohol oder Fleisch verzichten. Das kann sich auf unseren Umgang mit der Zeit und mit unserem Terminkalender beziehen. Wir könnten bewusst in der Fastenzeit einmal unseren Terminkalender durchgehen und überlegen, wo wir etwas streichen können. Da findet sich sicher manches, was wir uns selber an Terminen aufgeladen haben.

Die Fastenzeit ist wie eine Art Frühjahrsputz für Leib und Seele. Der Leib wird durch das Fasten entschlackt, die Seele durch mehr Zeit und Stille.

Doch der Frühjahrsputz kann sich auch auf unsere Wohnung beziehen. In unserer Abtei haben wir einen gemeinsamen Nachmittag, an dem jeder seine Klosterzelle von Überflüssigem zu befreien sucht.

Der hl. Benedikt empfiehlt uns Mönchen, dass wir zu Beginn der Fastenzeit einen Trainingsplan aufstellen, was wir in diesen sieben Wochen einüben wollen, wo wir mehr beten, weniger reden, intensiver meditieren und achtsamer auf die Menschen zugehen wollen.

Überlegen Sie sich, was Sie sich in dieser Fastenzeit vornehmen. Und stellen Sie sich ein Programm auf. Das Ziel der Fastenzeit ist, die Haltung der inneren Freiheit einzuüben. Doch der Weg dorthin führt über handfeste Rituale.

Entrümpeln Sie Ihre Zeit.
Durchforsten Sie die Termine, die Sie sich vorgenommen haben.
Überlegen Sie, wie Sie Ihre Zeit entrümpeln und wo Sie bewusst Rituale einsetzen wollen, in denen Sie zu sich selbst kommen, in denen Sie sich herausnehmen aus dem Alltag und eintauchen in die Welt der Stille, in die Welt Gottes.

Mit welchem Ritual wollen Sie in der Fastenzeit den Tag beginnen?
Mit welchem Ritual wollen Sie ihn beenden?
Wann wollen Sie sich Zeit nehmen zur Stille, zur Meditation, zum Lesen?

Entrümpeln Sie Ihre Wohnung.
Wir sollen uns in der Fastenzeit von allem reinigen, was unser Denken trübt. Dazu gehört auch unsere Wohnung. Sie lässt uns manchmal nicht mehr atmen. Sie werden spüren, dass das Entrümpeln Sie befreit.
Gehen Sie einmal ganz bewusst durch Ihre Räume.
Schauen Sie genau hin, wo Ihre Wohnung zu voll steht.
Jetzt ist eine gute Gelegenheit, einmal durch unser Haus zu gehen und zu überlegen, was wir weggeben oder was wir entsorgen sollen.

Fragen Sie sich:
Was habe ich im letzten Jahr nicht in die Hand genommen?
Brauche ich es wirklich noch? Oder würde ich mich viel wohler fühlen, wenn ich es aus dem Haus schaffe?
Was kann ich verschenken?
Was entsorge ich lieber?

Natürlich ist die Trennung von gewohnten Dingen nicht immer so leicht. Da kommen Ängste hoch: Vielleicht brauche ich es doch noch einmal. Aber der Frühjahrsputz in unserem Haus täte auch unserer Seele gut. Wir befreien uns von der Anhänglichkeit an äußere Dinge. Wir fühlen uns freier. Und wir können wieder atmen in unserer Wohnung. Das Reinigen gerade der Räume, die voll gestellt sind mit unnützen Sachen, kann zum Bild dafür werden, dass wir auch die verborgenen Räume unserer Seele auskehren. Wir werfen die Bitterkeit aus uns heraus, die negativen Gefühle, die sich bestimmten Menschen gegenüber in uns festgesetzt haben, all den Müll vergangener Verletzungen. So werden wir nach dem Frühjahrsputz uns nicht nur im Haus, sondern auch in unserer Seele wohler fühlen.

Vereinfachen Sie das Essen in der Fastenzeit.
Setzen Sie sich auch da Rituale für Ihr Frühstück, Mittagessen und Abendessen.
Wie wollen Sie die Zeit, in der Sie essen, gestalten?
Das Ritual des einfachen Essens, das Sie aber bewusst langsam genießen, wird Ihnen guttun und ein neues Gespür vermitteln für den Genuss des feierlichen Mahles, das Sie an Ostern erwartet.

19. FASTENZEIT: TEE-RITUAL

Immer mehr Menschen trauen sich heute, das Fasten, das die Kirche früher streng für die vorösterliche und die vorweihnachtliche Zeit vorschrieb, wieder zu üben. Die Medizin hat das Heilfasten neu entdeckt. Wenn Sie es sich zutrauen, wäre es gut, eine Woche lang einmal zu fasten und nur Wasser, Tee und Gemüsebrühe zu trinken.

Eine Fastenwoche braucht ihre Rituale.
Eingeleitet wird der Beginn des Fastens durch das Reinigungsritual. Der Darm soll gereinigt werden, entweder durch Obst, durch Sauerkrautsaft, durch Glaubersalz oder durch einen Einlauf.
Dann folgt das Ritual des Fastens selbst. Ich verzichte auf alle festen Speisen und trinke nur täglich mindestens drei Liter Wasser, Tee oder Gemüsebrühe.
Auch das Abfasten geschieht in einem festen Ritual. Ich breche das Fasten, indem ich langsam einen Apfel esse oder ein trockenes Brot langsam kaue.

Das Fasten braucht Rituale, damit ich es bewusst vollziehe und nicht einfach nur als Mittel benutze, um ein paar überflüssige Pfunde zu verlieren.

Es gibt viele Formen, das Fasten in der Fastenzeit zu praktizieren.
Sie können sich den Freitag als Fasttag vornehmen, als den Tag, an dem Sie nur etwas Obst essen und Tee trinken.

Andere ersetzen die Abendmahlzeit durch Teetrinken.
Ganz gleich, welche Form für Sie stimmig ist, gestalten Sie Ihr Teetrinken zu einem Ritual.
Trinken Sie den Tee nicht nebenbei.
Bereiten Sie den Tee achtsam vor.
Zünden Sie eine Kerze an.
Wenn Sie wollen, legen Sie eine Musik auf, die Ihnen guttut.
Oder horchen Sie einfach in die Stille hinein.
Und dann trinken Sie den Tee Schluck für Schluck.
Genießen Sie jeden Schluck und in ihm die Weisheit der Kräuter, die im Tee enthalten sind.
Dann werden Sie das Fasten nicht als qualvoll erleben, sondern als eine andere Weise der Freiheit und des Genießens.

20. IN DIE NACHT GEHEN (GRÜNDONNERSTAG)

Die Nacht ist für uns Menschen eine besondere Zeit. Nach dem Mahl, das Jesus am Abend vor seinem Leiden mit den Jüngern gehalten hat, ging er hinaus in die Nacht. Er nahm seine drei Jünger mit sich. Doch die schliefen ein. Und so rang er allein in der Nacht mit seinem Vater. Er bat den Vater, dass der Kelch des Leidens an ihm vorübergehe. Doch schließlich ergab sich Jesus in den Willen des Vaters. Am Gründonnerstag feiern wir in der Kirche das letzte Abendmahl Jesu. Es ist ein Mahl, in dem uns Jesus seine Liebe bis zum Ende erweist. Als Ausdruck dieser Liebe wäscht er den Jüngern die Füße.

Nach dieser Erfahrung der Liebe ist es auch für mich ein gutes Ritual, in der Krypta bei Christus zu verweilen. Dabei geht mir die Tenorarie aus der Johannespassion von Johann Sebastian Bach immer wieder durch den Kopf: «Ich will bei meinem Jesus wachen.»

Ein anderes Ritual ist mir in seiner Bedeutung aufgegangen, als ich 1974 den ersten Osterkurs für Jugendliche hielt. Ich habe damals die Jugendlichen eingeladen, allein in die Nacht zu gehen und mit Jesus die Einsamkeit, Dunkelheit und Angst des Ölbergs auszuhalten. Zu jener Zeit waren einige Mitbrüder aus dem Kloster ausgetreten. In der Einsamkeit fragte ich mich: Und was hält dich? In dieser Nacht ist mir klar geworden, dass ich nicht wegen anderer Mitbrüder im Kloster bleibe, sondern weil ich mich mit Jesus dazu durchgerungen habe, Ja zu diesem Weg zu sagen, den ich in der Stille und Einsamkeit der Nacht als meinen Weg vor Gott erkannt habe.

Es ist kein angenehmes Ritual, am Gründonnerstag allein in die Nacht hinauszugehen. Aber es ist gut, sich der Einsamkeit zu stellen und sich zu fragen: Was trägt dich?
Was willst du mit deinem Leben?
Was erwartet dich?
Was durchkreuzt dein Leben momentan?
Bin ich bereit, Ja zu sagen zu dem Weg, der sich mir in der Stille meiner Seele andeutet?

So lade ich dich zu zwei Ritualen ein:
Gönne dir eine Zeit am späten Abend oder während der Nacht von Gründonnerstag auf Karfreitag.
Stehe bewusst in der Dunkelheit auf und gehe in die Kirche, um dort zu wachen und zu beten. Du kannst für die Menschen beten, an die du jetzt in der Passionswoche denkst, weil sie an sich und ihrem Leben zu leiden haben. Du kannst aber einfach auch mit Jesus am Ölberg wachen und dich fragen: Was möchte Gott heute von dir? Wohin möchte er dich führen?
Du kannst natürlich die Nachtstunde auch in deiner Wohnung wachend verbringen, indem du dich in deine Meditationsecke setzt und dort mit Jesus wachst.

Ein anderes Ritual in dieser Nacht: Gehe bewusst in die Nacht hinaus. Du wirst merken: Es ist eine besondere Erfahrung, allein in der Dunkelheit zu wandern und die Einsamkeit auszuhalten. In irgendeiner Weise geht jeder von uns allein seinen Weg. Nimm in dieser Nacht deine Einsamkeit bewusst wahr und frage dich: Was ist mein Weg? Und wie möchte ich ihn als dieser einmalige und einzigartige, aber auch einsame Mensch gehen?

21. KREUZGEBÄRDE (KARFREITAG)

Sie haben sicher ein Kreuz in Ihrer Wohnung hängen. Betrachten Sie es an diesem Tag bewusst.
Was stellt es dar?
Was bedeutet es für Sie?

Die Kirche feiert den Karfreitag durch einen Gottesdienst um 15 Uhr, zu der Zeit, als Jesus am Kreuz für uns gestorben ist. Für viele gehört es zum Karfreitagsritual, diesen Gottesdienst zu besuchen und das Kreuz zu verehren, das nach dem Gottesdienst an den Altarstufen aufgestellt wird, damit jeder es berühren und – wenn er möchte – es küssen kann.

Andere gehen an diesem Tag einen Kreuzweg mit seinen 14 Stationen nach und meditieren sich in das Geheimnis des Weges Jesu hinein. In vielen Kirchen ist an der Wand ein Kreuzweg dargestellt. Es gibt aber auch viele Kreuzwege im Freien. So wäre es ein gutes Ritual, einen Kreuzweg aufzusuchen, den man langsam nachgehen und auf dem man sich im Gehen den Gang Jesu ans Kreuz erschließen kann.

Das Kreuz ist einmal ein Bild für die Einheit aller Gegensätze. Das Kreuz zeigt mir, dass auch ich nur Mensch zu werden vermag, wenn ich mich aussöhne mit meiner Gegensätzlichkeit. Das Kreuz ist aber auch ein Bild, dass die Maßstäbe dieser Welt zerbrochen, durchgestrichen, durchkreuzt wurden. Jetzt gelten nicht mehr Erfolg oder Misserfolg, Anerkennung oder Ablehnung, sondern allein die Liebe, die sich hingibt. Und das Kreuz ist Zeichen der Freiheit. Es gibt keinen König oder Kaiser mehr über mir. Ich bin frei. Ich gehöre Gott. Und das Kreuz ist Schutzzeichen. Es schützt mich vor allem, was an Bedrohlichem und Negativem die Welt bestimmt.

Am Karfreitag habe ich die Jugendlichen eingeladen, die Kreuzgebärde zu machen und darin das Geheimnis des Kreuzes Jesu zu erahnen.
Ich möchte Sie einladen zu dieser Gebärde:
Stellen Sie sich in Ihrer Wohnung oder auch im Freien
fest hin und breiten die Arme und Hände aus, so dass sie waagrecht in Schulterhöhe nach rechts und links ausgestreckt sind.
Die Hände weisen nach vorne.
In dieser Gebärde spüre ich, dass ich angenagelt bin an mich selbst.
Ich bin mir selbst das Kreuz.
Ich bin voller Gegensätze, denen ich nicht entrinnen kann.
Es bleibt mir nichts anderes übrig, als Ja zu sagen zu meinen Gegensätzen.
Wenn ich es versuche, dann spüre ich, dass ich mit meinen ausgestreckten Armen die ganze Welt umarme.
Nichts Menschliches, ja nichts Kosmisches ist mir fremd.
Ich werde eins mit der ganzen Welt und mit allem, was darin ist.
Ich werde eins mit allen Menschen.

Jesus sagt im Johannesevangelium zu dieser Gebärde: «Und ich, wenn ich über die Erde erhöht bin, werde alle zu mir ziehen.» (Joh 12,32) Es ist also eine Gebärde der Liebe. In dieser Gebärde kann ich die Liebe Jesu zu mir erahnen, in der ich mich bergen kann. Aber ich kann auch die Liebe einüben, mit der ich mich in der Nachfolge Jesu den Menschen öffne und sie einlade, das Geheimnis der Liebe zu verstehen, mit der uns Jesus am Kreuz bis zur Vollendung geliebt hat.

Eine weitere Übung möchte ich Ihnen vorschlagen:
Legen Sie sich auf Ihr Bett oder auf eine Matte am Boden, mit dem Rücken zur Erde.
Breiten Sie die Arme zur Kreuzgebärde aus.
Die Hände sind dabei nach oben geöffnet.
Spüren Sie sich in diese Gebärde hinein.
Die offenen Arme öffnen uns für Gott.
Aber sie machen uns auch schutzlos.
Wir sind bereit, zu empfangen,
und wir sind bereit, uns Gott hinzugeben.
Dann drehen Sie die Hände nach unten.
Spüren Sie dem nach, was Sie empfinden.
Sie werden sich anders fühlen.

Diese Kreuzgebärde zeigt uns, dass wir selbst das Kreuz sind, angenagelt an uns selbst, an unsere Gegensätzlichkeit.
Wenn ich zu dieser Gebärde Ja sage,
dann erfahre ich etwas von der Freiheit, die entsteht,
wenn ich mich aussöhne mit allem, was in mir ist.

Machen Sie diese beiden Kreuzgebärden auch abwechselnd.
Fragen Sie sich dann:
Welche Haltung ist mir angenehmer?
In welche innere Haltung müsste ich mich noch mehr einüben:
in die Hingabe oder in die Annahme?

22. BALLAST BEGRABEN (KARSAMSTAG)

Bei den Osterkursen, die ich mit Jugendlichen gemacht habe, haben die Jugendlichen gerne das Bild des Grabes aufgegriffen und alles ins Grab geworfen, was sie begraben wollten, allen Ballast, den sie mit sich herumschleppten. Solcher Ballast waren die Verletzungen der Vergangenheit, um die sie immer wieder kreisten und von denen sie nicht loskamen, die Selbstvorwürfe und Selbstbeschuldigungen, mit denen sie sich zerfleischten, und vergangene Konflikte. Manchmal haben sie die Dinge, die sie ins Grab legen wollten, aufgeschrieben und die Zettel dann in einem gemeinsamen Ritual ins Grab geworfen. Ein andermal haben sie es mit Steinen getan. Mit jedem Stein haben sie etwas begraben, was sie belastet hat.

So möchte ich auch Sie zu diesem Ritual einladen. Schreiben Sie alles auf, was Sie begraben möchten, was sie nicht mehr neu aufrühren möchten. Das können Verletzungen der letzten Jahre sein, um die Ihre Gedanken und Gefühle immer noch kreisen. Das kann ein Konflikt in Ihrer Familie oder in Ihrer Firma sein. Das können Illusionen sein, an denen Sie bisher festgehalten haben, etwa die Illusion, dass Sie perfekt sind, dass Sie so ideal sind, wie Sie es sich gerne wünschen. Das können zerbrochene Beziehungen sein. Schreiben Sie alles auf. Und dann begraben Sie es. Sie können es für sich alleine tun oder aber – was intensiver wirkt – mit anderen oder vor Zeugen. Dann lesen Sie nochmals laut vor, was Sie begraben möchten, und legen es in die Grube, die Sie gegraben haben.

Dann werfen Sie Erde darüber und säen Blumensamen darüber oder pflanzen einen Baum oder einen Strauch, der auf dem Begrabenen aufblühen und Frucht bringen wird.

23. OSTERLICHT UND OSTERWASSER

Die Liturgie der Osternacht kennt das eindrucksvolle Ritual, dass die Osterkerze am Osterfeuer im Freien entzündet und dann in die dunkle Kirche getragen wird. Die Gottesdienstbesucher harren in der dunklen Kirche aus, bis dann das Licht der Osterkerze endlich alles in ein helles Licht taucht. Sie wird mit dem Ruf «Lumen Christi» («Licht Christi») in die Kirche getragen. Und an ihr entzünden dann erst die Ministranten und dann das ganze Volk ihre Kerzen. So wird die dunkle Kirche hell erleuchtet. Die Gläubigen halten beim österlichen Lobgesang, dem Exsultet, ihre Kerze in die Dunkelheit ihres Herzens, damit alles Finstere in ihnen erleuchtet wird. Viele nehmen ihre Osterkerze, die sie vielleicht selbst verziert haben, mit nach Hause und zünden sie in der Osterzeit immer wieder an, um sich daran zu erinnern, dass Christus hinabgestiegen ist in das Reich des Todes und dort alle Finsternis mit seinem Licht erleuchtet hat. Wenn wir die Osterkerze zu Hause anzünden, halten wir sie in die immer wieder neu aufbrechende Dunkelheit unserer Seele.

Ein besonderes Ritual verbindet sich mit der Osterkerze: Gestalten Sie Ihre Osterkerze selbst. Überlegen Sie sich, durch welche Symbole des Lichtes und der Auferstehung Sie angesprochen werden. Nehmen Sie diese Kerze mit in die Feier der Osternacht und entzünden Sie sie an der Osterkerze in der Kirche. Dann, zu Hause, geben Sie Ihrer Osterkerze einen eigenen Platz in der Wohnung. Zünden Sie während der ganzen Osterzeit beim Frühstück immer die Osterkerze an. Dann wird die Osterzeit für Sie eine eigene Zeit, eine Zeit, in der mehr und mehr alles Dunkle in Ihnen erhellt wird und alles Erstarrte in Ihnen aufgebrochen wird zu neuem Leben.

Ein zweites Osterritual ist weit verbreitet. In der Osternacht wird das Osterwasser geweiht, das zur Taufe verwendet wird. Das Osterwasser erinnert an das Wasser des Roten Meeres, das sich teilte, damit das Volk Israel in die Freiheit ziehen konnte. So wie Israel bei diesem Durchzug durch das Rote Meer aus der Knechtschaft fremder Mächte befreit wurde, so steht das Osterwasser für unseren Weg in die Freiheit. Und es erinnert uns an das Wasser, das uns reinigt von aller Schuld und von allem, was das ursprüngliche Bild Gottes in uns trübt.

Der Abt unseres Klosters lädt in der Osternacht die Gäste herzlich ein, Osterwasser mit nach Hause zu nehmen. Sie können damit ihre Weihwasserbecken füllen. Sie können aber daheim auch das Ritual durchführen, sich mit diesem Osterwasser die Augen zu reinigen, damit sie in der aufblühenden Natur das Geheimnis der Auferstehung sehen und in den Menschen das Geheimnis der Auferstehung entdecken. Sie werden zu «Osteraugen», die tiefer sehen. Sie erkennen, dass in jedem Grab Leben ist, in jeder Dunkelheit Licht und dass in jeder Erstarrung schon neues Leben aufbricht.

Nehmen Sie Osterwasser aus Ihrer Kirche mit nach Hause. Üben Sie das Ritual, sich mit dem Osterwasser zu bekreuzigen. Tauchen Sie Ihre Hand in das Wasser und berühren Sie damit Ihre Stirn, um Ihr Denken zu reinigen, Ihren Unterbauch, um die Trübungen Ihrer Vitalität zu klären, Ihre linke und rechte Schulter, damit die reinigende Kraft des Osterwassers in das Unbewusste und Bewusste in Ihnen eindringt. Sie können auch Ihre Sinne mit dem Osterwasser berühren: Ihre Augen, Ihre Ohren, Ihren Mund, damit Sie klarer sehen, die

Worte der Menschen so hören, wie sie wirklich gemeint sind, und mit Ihrem Mund Worte sprechen, die neues Leben in den Menschen wecken.

24. OSTERSPAZIERGANG

Das neue Leben im Frühling zieht uns ins Freie. Der Osterspaziergang hat nicht erst seit Goethe Tradition. Im Wandern durch die aufblühende Natur können wir etwas von Ostern verstehen. Wir nehmen den Sieg des Lebens über den Tod auch in der Schöpfung wahr. Indem wir durch die Natur wandern, fühlen wir uns eins mit der aufbrechenden Kraft der Natur, die alles Erstarrte wieder zum Leben erweckt. Im Wandern durch die Schöpfung werden wir selbst neu geschaffen. Wir spüren etwas von der Frische des Frühlings und von der Kraft des Lebens, die stärker ist als der Tod.

Machen Sie eine längere Wanderung durch die Natur. Stellen Sie sich vor, dass Sie auswandern aus allen Abhängigkeiten und aus allen Bildern, die Sie sich von sich selbst gemacht haben. Sie lassen alles hinter sich. Sie wandern sich frei von den Rollen, die Sie bisher gespielt haben, und gehen hinein in die einmalige Gestalt, als die Gott Sie gewollt hat. Sie können diese Gestalt nicht beschreiben. Aber Sie können beim Wandern spüren, wie Sie sich wandeln, wie Sie immer authentischer werden, wie Sie immer weniger Ballast mit sich herumschleppen und mehr und mehr zu dem werden, der Sie eigentlich sind.

Die Emmausjünger sind zu zweit gewandert. Überlegen Sie, mit wem Sie den Osterspaziergang machen möchten. Laden Sie die Menschen ein, mit denen Sie gerne wandern möchten, Ihre Familie, Ihre Freunde, Ihren Hauskreis. Und nehmen Sie sich die Emmausjünger zum Vorbild: Sprechen Sie über Ihre Hoffnung, aber vielleicht auch über Ihre zerbrochenen Illusionen. Und sprechen Sie über Ihre Sehnsucht nach Auferstehung, Ihre Sehnsucht, dass das Leben neu aufsteht in Ihnen und um Sie herum. Und kehren Sie dann in einer Gaststätte ein und halten Sie Mahl miteinander. Brechen Sie sich gegenseitig das Brot und vertrauen Sie darauf, dass Christus mit Ihnen ist.

25. CHRISTI HIMMELFAHRT: DER HIMMEL IST IN DIR

Angelus Silesius hat für das Fest Christi Himmelfahrt den schönen Vers gedichtet: «Halt an, wo läufst du hin. Der Himmel ist in dir. Suchst du ihn anderswo, du fehlst ihn für und für.» Als Jesus vor den Augen der Jünger in den Himmel emporgehoben wurde, schauten die Jünger ihm nach. Doch die beiden Engel sprachen sie an: «Ihr Männer von Galiläa, was steht ihr da und schaut zum Himmel empor? Dieser Jesus, der von euch ging und in den Himmel aufgenommen wurde, wird ebenso wiederkommen, wie ihr ihn habt zum Himmel hingehen sehen.» (Apg 1,11) Wir sollen also nicht nach oben schauen, sondern in uns hinein. Dort wohnt Jesus in uns. Und dort, wo Jesus in uns ist, dort ist der Himmel.

Himmel ist der Bereich Gottes. Überall dort, wo Gott ist, ist der Himmel. In seinem Aufstieg zum Himmel hat Jesus den Himmel über uns geöffnet. Himmel, das ist Weite, Freiheit, Schönheit. Christi Himmelfahrt will uns sagen, dass wir in der Weite Gottes leben, dass der Himmel uns umgibt. Wir sind nicht nur Menschen dieser Erde, sondern Menschen des Himmels. Das gibt unserem Leben eine göttliche Würde. Keiner kann uns einsperren in die Enge dieses Lebens. Es ist eine Weite in uns, die uns niemand nehmen kann. Wir dürfen nicht zu klein von uns denken. Wir atmen die Weite des Himmels. In unserer Seele ist etwas vom Glanz des Himmels. Dort geht der Himmel über uns auf. Wir tragen den Himmel in uns. In uns haben wir alles, was wir brauchen. Mit dem Himmel verbinden wir alle unsere Sehnsüchte nach Erfüllung. Wo in Christus der Himmel in uns ist, dort sind unsere tiefsten Sehnsüchte nach Liebe und Heimat erfüllt.

Für viele hat das Fest Christi Himmelfahrt seinen tieferen Inhalt verloren. Es ist zum Vatertag geworden, der aber mit dem Fest gar nichts zu tun hat. Statt des Betrinkens am Vatertag gönnen Sie sich lieber ein Himmelfahrtsritual: Gehen Sie in Ihren Garten oder auf eine Frühlingswiese und schauen Sie auf zum Himmel.
Spüren Sie die Weite des Himmels.
Und fragen Sie sich, was der Himmel in Ihnen für Sehnsüchte auslöst oder welche Bilder Ihnen einfallen, wenn Sie zum Himmel aufschauen. Dann stellen Sie sich vor, dass der Himmel in Ihnen ist.
Sie können mit Ihren Händen die Mitte der Brust berühren. Dort in Ihrer Mitte ist der Himmel in Ihnen.
Dort können Sie erahnen, was Paulus sagt: «Unsere Heimat aber ist im Himmel.» (Phil 3,20)
Gehen Sie mit diesem Bild spazieren: In Ihnen ist der Himmel. In Ihnen ist die Weite Gottes. Dort, wo der Himmel in Ihnen ist, sind Sie daheim.
Gehen Sie mit diesem Bild durch die Natur.
Und stellen Sie sich zugleich vor, dass Sie mit dem Himmel in Ihnen durch die Enge des Alltags gehen, durch die Konflikte, die Sie morgen erwarten, durch den Druck, der von der Firma her auf Ihnen lastet, durch die Sorgen um Ihre Kinder.
Dann werden Sie das Enge und Bedrückende Ihres Alltags anders erleben.
Auch dort, wo alles eng ist, geht der Himmel über Ihnen auf, tragen Sie den Himmel in sich.

26. DER GEIST WEHT, WO ER WILL (PFINGSTEN)

An Pfingsten feiern wir das Kommen des Heiligen Geistes, der wie ein Sturm daherkam und die ängstlichen Jünger aus ihrem Obergemach hinaustrieb in die Stadt, damit sie den Menschen die Auferstehung Jesu und die Ausgießung des Geistes verkündeten. Pfingsten brachte die Menschen in Bewegung. Es sind drei Bilder, die uns die Bibel für Pfingsten bietet: Bei Lukas ist es der Sturm, der die Jünger begeistert und ermutigt. Und es ist die Glut, die uns, wenn wir ausgebrannt sind, wieder mit dem Feuer des Heiligen Geistes erfüllt, die uns wärmt und unsere Sprache verwandelt, so dass ein Funke überspringt, sobald wir zu sprechen beginnen. Johannes liebt vor allem das Bild der Quelle, um das Wesen des Heiligen Geistes zu beschreiben. Die Quelle des Heiligen Geistes sprudelt in uns. Wenn wir aus dieser Quelle schöpfen, werden wir nicht so leicht erschöpft.

Ein Pfingstritual:
Stellen Sie sich in den Wind. Stellen Sie sich vor, dass im Wind Gottes Geist Sie durchweht oder Sie zärtlich streichelt. Der Heilige Geist will auch heute erfahrbar werden. Sie erfahren ihn, wenn Sie sich vorstellen, dass der Geist des Herrn die ganze Welt durchdringt. So kann er im Wind alles aus uns hinaustreiben, was verstaubt und verbraucht ist, und uns mit frischem Geist erfüllen. Und der Heilige Geist ist die zärtliche Liebe Gottes, die Sie sanft streichelt, so wie der Wind Sie zärtlich berührt.

Ein anderes Pfingstritual:
Setzen Sie sich zur Meditation mit dem Bild, dass in Ihnen die Glut des Heiligen Geistes ist. Selbst wenn Sie ausgebrannt – das Wort «Burn-out» beschreibt dieses Leiden – sind, ist unter der Asche noch die Glut des Heiligen Geistes. Lassen Sie die Glut in Ihr Herz strömen, damit diese Glut Sie mit Liebe und Wärme erfüllt. Lassen Sie die Glut in Ihre Sprache dringen, damit es – wie bei den ersten Jüngern – eine glühende Sprache wird, eine Sprache, bei der der Funke des göttlichen Feuers überspringt, eine wärmende Sprache, die die Herzen der Menschen berührt.

Und ein drittes Pfingstritual:
Beobachten Sie eine Quelle in der Natur und stellen Sie sich vor, dass in Ihnen die Quelle des Heiligen Geistes strömt. Sie erfrischt Sie, heilt Sie, stärkt Sie, befruchtet Sie und reinigt Sie. In der Meditation kann ich mir vorstellen, dass auf dem Grund meiner Seele diese Quelle strömt. Sie ist immer in mir. Nur bin ich oft genug davon abgeschnitten, weil sich eine Schicht von Sorgen und Ängsten darübergelegt hat. An Pfingsten möchte ich in der Meditation wieder in Berührung kommen mit dieser inneren Quelle und mich von ihr erfrischen und stärken lassen.

27. BEGEGNUNG (MARIÄ HEIMSUCHUNG)

Begegnung zwischen Menschen ist lebensnotwendig – und etwas, was scheitern und gelingen kann. Am 2. Juli feiert die Kirche das Fest Mariä Heimsuchung. Maria macht sich auf den Weg. Sie geht über das Gebirge zu ihrer Verwandten Elisabeth. Als die beiden schwangeren Frauen aufeinander zugehen und sich grüßen, hüpft das Kind im Leib Elisabeths auf. Elisabeth wird vom Heiligen Geist erfüllt und ruft mit lauter Stimme: «Gesegnet bist du mehr als alle anderen Frauen, und gesegnet ist die Frucht deines Leibes. Wer bin ich, dass die Mutter meines Herrn zu mir kommt?» (Lk 1,42f) Es ist ein Fest der Begegnung. Was zwischen Maria und Elisabeth geschieht, das geschieht in jeder gelingenden Begegnung.

Damit eine Begegnung gelingt, müssen wir über den Berg von Vorurteilen und inneren Blockaden hinweggehen, um beim anderen anzukommen. Und es braucht die Achtsamkeit, damit wir ganz dort sind, wo wir sind. Die Künstler haben die Begegnung zwischen Elisabeth und Maria oft so dargestellt, dass die beiden Frauen gleichsam ineinander übergehen. Sie werden eins miteinander. Die Begegnung verwandelt sie.

Ein passendes Ritual zu diesem Fest:
Überlegen Sie sich, wen Sie heute, an diesem Tag, besuchen möchten, jemanden, den Sie schon längst einmal aufsuchen wollten. Dann gehen Sie über das Gebirge Ihrer Ausreden und Bedenken, ob dieser Besuch heute passt oder nicht. Und gehen Sie wie Maria achtsam auf den zu, den Sie besuchen

oder dem Sie begegnen. Sie können sich in dieser Begegnung in beide Rollen hineinspüren. Sie machen sich wie Maria auf den Weg und gehen auf den anderen zu. Aber Sie sind auch Elisabeth. Und als Elisabeth können Sie über jeden Mann und jede Frau sagen, denen Sie begegnen: «Gesegnet bist du. Du bist die Mutter meines Herrn. Du trägst Christus in dir.»

Wenn Sie mit diesem Blick auf den anderen zugehen, dann geht Ihnen auf, was Begegnung heißt: Ich gehe selbst gesegnet und verwandelt aus der Begegnung heraus. Wir haben nicht über irgendetwas gesprochen. Wir sind einander begegnet. Wir haben etwas vom Geheimnis des anderen gespürt. Und wir haben Gott gepriesen für das, was er an uns Großes getan hat.

28. SCHWELLEN SEGNEN (CHRISTOPHORUS)

Jeden Tag kommt etwas auf uns zu, was uns herausfordert; jeden Tag müssen wir Schwellen überschreiten. Am 24. Juli feiert die Kirche den hl. Christophorus, der uns ein Vorbild für solche Herausforderungen ist. Er ist der starke und große Mann, der das Kind – und in ihm Christus selbst – durch die reißenden Fluten des Flusses trägt. Im Mittelalter wurde seine Figur groß an die Eingangswand der Kirchen gemalt. Er war der Schwellenheilige. Bevor man aus dem heiligen Raum der Kirche in die Welt ging, sollte man auf ihn schauen, um die innere Kraft nicht zu verlieren, die man in der Begegnung mit dem Heiligen in sich aufgenommen hatte. Im Mittelalter hatte man noch ein Gespür dafür, dass es immer gefährlich ist, über eine Schwelle zu gehen. Man kann nie wissen, was einen jenseits der Schwelle erwartet.

Ein Ritual zu diesem Tag:
Nehmen Sie bewusst die Schwellen wahr, die Sie überschreiten, die Schwelle aus Ihrem Haus ins Freie, die Schwelle zu Ihrer Firma, in der Sie arbeiten, die Schwelle zum Laden, in dem Sie einkaufen, die Schwelle in das Haus, in dem Sie jemanden besuchen. Nehmen Sie aber auch die inneren Schwellen wahr, vor denen Sie stehen und die Sie gerade überschreiten. Vielleicht ist es die Schwelle der Lebensmitte, die Schwelle zum Älterwerden, die Schwelle zur Krankheit oder zur Gesundheit, die Schwelle des Todes. Und segnen Sie diese Schwellen, damit das, was Sie jenseits der

Schwelle erwartet, für Sie zum Segen wird. Und segnen Sie die Schwellen, damit Sie selbst Segen bringen, wenn Sie die Schwelle überschreiten.

Und noch ein Bild kann Sie zu einem Ritual einladen: Christophorus heißt «Christusträger». Stellen Sie sich vor, dass Sie in sich das göttliche Kind tragen. Sie tragen es überall mit: wenn Sie zur Arbeit gehen, wenn Sie einkaufen, wenn Sie im Bus sitzen, wenn Sie durch die Straßen gehen, wenn Sie Menschen treffen. Wie verwandelt das Ihren Alltag, wenn Sie sich bewusst machen, dass Sie Christus in sich tragen?

29. KRÄUTERBÜSCHEL SAMMELN (MARIÄ AUFNAHME IN DEN HIMMEL)

Der Sommer ist die Jahreszeit, in der wir die Schöpfung am intensivsten erfahren. Am Höhepunkt des Sommers feiert die Kirche das Fest Mariä Himmelfahrt, wie der Volksmund das Geheimnis der Aufnahme Mariens mit Leib und Seele in den Himmel bezeichnet. Das Fest hat in besonderer Weise mit uns zu tun: In Maria feiern wir, dass wir selbst im Tod mit Leib und Seele zu Gott kommen. Natürlich wird der Leib verwesen. Aber wir drücken damit aus, dass wir als Person mit all den Erfahrungen, die wir im Leib gemacht haben, in Gottes Herrlichkeit aufgenommen werden. Alle tiefen Erfahrungen gehen ja über den Leib: die Erfahrung der Liebe, der Freude, der Trauer, der Hoffnung. Es ist ein optimistisches Fest, das die Würde des Leibes betont. Und in Maria verweist uns die Kirche immer auch auf die Schöpfung. Am 15. August dürfen wir die Schönheit der Schöpfung, aber auch ihre heilende Kraft erleben. Daher hat sich in vielen Gegenden der Brauch erhalten, an diesem Fest Kräuterbüschel zu binden, sie in die Kirche zu bringen und dort segnen zu lassen.

Folgendes Ritual können Sie für sich alleine oder mit Ihrer Familie machen:
Sammeln Sie Heilkräuter in der Natur. Informieren Sie sich: Was sind Heilkräuter? Wo finden Sie solche Heilkräuter in Ihrer Gegend? Pflücken Sie dazu auch Blumen auf den Feldern. Dann binden Sie die gesammelten Blumen und Kräuter zu einem kunstvollen Büschel. Schon das

gemeinsame Tun wird der Familie guttun. Und wenn Sie es alleine machen, wird es Sie dankbar werden lassen über die Schönheit der Schöpfung und über die heilende Kraft, die Gott in sie hineingelegt hat. Nehmen Sie die Büschel mit in die Kirche, wo sie am Ende des Gottesdienstes gesegnet werden. Dann überlegen Sie, wo Sie sie aufstellen: entweder in Ihrem Haus, in dem Sie sich von der heilenden und liebenden Kraft des mütterlichen Gottes umgeben wissen und gesegnet fühlen; oder Sie bringen die gesegneten Kräuterbüschel an das Grab Ihrer Eltern oder lieber Menschen und drücken so Ihren Glauben aus, dass die Verstorbenen mit Leib und Seele, mit ihrem ganzen Wesen jetzt in Gottes Herrlichkeit sind.

30. DANKEN UND DENKEN (ERNTEDANKFEST)

Grund zum Danken haben wir das ganze Jahr und das ganze Leben hindurch. Am Erntedankfest danken wir in besonderer Weise für die Gaben der Schöpfung, die wir in der Ernte eingebracht haben. In vielen Kirchen werden die Früchte der Erde kunstvoll aufgebaut, um die Kirchenbesucher einzuladen, dankbar vor den Gaben der Schöpfung innezuhalten. Es geht aber nicht nur um die Ernte, die die Landwirte und Winzer einfahren. Dieses Fest ist auch Anlass, für all das zu danken, was wir als persönliche Ernte in diesem Jahr erlebt haben.

So lade ich Sie zu folgendem Ritual ein:
Setzen Sie sich hin und halten Sie ganz bewusst inne.
Versuchen Sie, für alles zu danken, was Ihnen gerade einfällt.
Danken Sie, dass Sie leben, dass Sie so sind, wie Sie sind.
Danken Sie für alles, was Gott Ihnen geschenkt hat, an Gaben und Fähigkeiten, an Begegnungen mit Menschen, an Erfahrungen und Erlebnissen.
Danken Sie für die Menschen, die Gott Ihnen zur Seite gestellt hat, für Ihre Eltern und Geschwister, für die Lehrer und Priester, die Sie geprägt haben.
Und danken Sie jetzt für diesen Augenblick.

Wenn Sie versuchen, bewusst für alles zu danken, was Ihnen in den Sinn kommt, werden Sie merken, dass sich Ihre Stimmung verwandelt.

Sie werden innerlich ruhig werden.
Sie werden von einem tiefen Gefühl des Friedens erfüllt sein.
Aber Sie werden auch merken, dass Ihr Denken sich wandelt.
Danken kommt ja von denken. Wer richtig denkt, der muss auch danken.
Aber umgekehrt gilt auch: Wenn wir bewusst Gott für alles danken, was er uns täglich schenkt, dann beginnen wir, richtig zu denken, dann klärt sich unser Denken.
Wir sehen uns und unser Leben richtig.
Wir öffnen unsere Augen für die Wahrheit unseres Lebens.
Und achten Sie an diesem Tag auf Ihre Sprache:
Wo drücken Sie Dankbarkeit aus?
Und achten Sie auf die Menschen in Ihrer Umgebung:
Wen würden Sie als dankbaren Menschen ansehen? Wie erfahren Sie das?
Wen empfinden Sie als undankbar? Und warum?
Sie werden empfinden, dass Sie lieber mit dankbaren Menschen zusammen sind als mit undankbaren.
Und Sie werden spüren, dass undankbare Menschen – mag ihr Intellekt noch so gut sein –, nicht richtig denken, weil sie die Dinge nicht so sehen, wie sie sind.
So üben Sie an diesem Tag die Dankbarkeit und das richtige Denken ein.

Ein weiteres Ritual, um das Geheimnis der Erde zu bedenken:
Schmücken Sie Ihre Gebetsecke, Ihren Meditationsplatz oder Ihren Esstisch mit Bildern der Ernte. Es ist Ihrer Phantasie überlassen, welche Bilder Sie aufstellen: die Früchte der Erde, aber auch Bilder für das, was Ihnen in diesem Jahr gelungen ist, was in diesem Jahr in Ihnen und Ihrer Familie

gewachsen ist. So feiern Sie auch daheim Erntedankfest. Ihr Schmuck erinnert Sie und alle, die zu Ihnen kommen, an das Geheimnis der Ernte.

Und noch ein anderes Ritual am Fest Erntedank:
Überlegen Sie, welchem Menschen Sie einen Brief schreiben möchten, um ihm für das zu danken, was Sie durch ihn empfangen haben. Sie müssen den Brief nicht unbedingt abschicken. Allein das Schreiben tut Ihnen schon gut. Aber natürlich wäre es schön, wenn Sie diesen Brief auch dem zusenden, dem Sie dankbar sind. Das wird ihn sicherlich freuen und Ihre Beziehung zu ihm vertiefen.

31. ERINNERUNG AN DIE TOTEN: ALLERSEELEN

Das Gedenken an die Toten gehört zum Leben. Am 1. November feiert die katholische Kirche das Fest Allerheiligen und am 2. November Allerseelen. Beide Feste gehören zusammen. Das Fest Allerheiligen lenkt unseren Blick zum Himmel. Wenn wir Gottesdienst feiern, tun wir das in Gemeinschaft mit allen Heiligen. Es ist ein hoffnungsvolles Fest. Es zeigt uns, dass auch unser Leben geheilt und geheiligt werden wird, wenn wir uns wie die Heiligen in unserer Brüchigkeit der heilenden Liebe Gottes aussetzen. Das Fest Allerseelen lädt uns ein, unserer Verstorbenen zu gedenken und die Gemeinschaft mit ihnen wahrzunehmen. In Bayern halten die katholischen Gemeinden schon am Nachmittag des Allerheiligenfestes – da es in Bayern Feiertag ist – am Friedhof eine Gedenkfeier. Gerade in ländlichen Gegenden ist der Friedhof dann voller Leute. An diesem Tag kommen die Menschen aus nah und fern, um gemeinsam die Gräber zu besuchen und sich der Verstorbenen zu erinnern. In unserer Familie war es üblich, dass nach dem Besuch des Friedhofs alle zu einer Familienfeier zusammenkamen. Es war eine gute Gelegenheit für die Geschwister, die aus verschiedenen Orten zusammenkamen, sich wieder einmal zu sehen und sich gegenseitig zu erzählen, was ihnen die verstorbenen Eltern bedeuten.

Das gemeinsame Kaffeetrinken am Fest Allerheiligen ist sicher ein gutes Ritual, um der Verstorbenen zu gedenken und sie mit hineinzunehmen in das Leben, um sich dankbar zu erinnern, was sie einem für den eigenen Weg mitgegeben haben.

Aber es braucht auch noch andere persönliche Rituale, um die Verstorbenen mit hineinzunehmen in das eigene Leben, um ihre Botschaft zu verstehen, die sie durch ihr Leben und Sterben an uns richten.

So möchte ich Sie einladen zu einem Ritual:
Stellen Sie am Fest Allerseelen in Ihrer Wohnung Kerzen auf für die Verstorbenen, an die Sie in diesem Jahr besonders denken wollen.
Zünden Sie die Kerzen an und stellen Sie sich vor, dass die Verstorbenen Ihr Haus mit ihrer Liebe erfüllen und Licht bringen in Ihre Dunkelheit und Wärme in Ihre Verlassenheit.
Dann werden Sie Ihr Haus anders erleben.
Sie werden sich auf neue Weise darin zu Hause, daheim fühlen.
Sie haben teil an all den Erfahrungen, die die Verstorbenen gemacht und die sie in Gott hineingerettet haben.

Fragen Sie sich, was die Verstorbenen Ihnen heute sagen möchten. Was von dem, was Ihre verstorbenen Eltern ausgezeichnet hat, brauchen Sie jetzt für Ihren Weg?

Welche Worte fallen Ihnen ein, mit denen die Eltern auf Schwierigkeiten reagiert haben?

Was waren typische Redewendungen, die ihnen geholfen haben, ihr Leben zu bewältigen?

Wenn Sie möchten, können Sie auch in der Kirche vor dem Marienaltar Kerzen für Ihre Verstorbenen entzünden. Schauen Sie auf die Marienstatue. So wie Maria ihr Kind liebevoll in den Armen hält, so ruht der Verstorbene, für den Sie beten und an den Sie sich erinnern, jetzt in Gottes mütterlichen Händen.

Gehen Sie auf den Friedhof, um die Gräber zu besuchen, in denen liebe Verstorbene ruhen. Bedenken Sie am Grab, was die Botschaft ist, die dieser Mensch durch sein Leben und sein Sterben an Sie richtet. Bedenken Sie an seinem Grab das Wesen dieses Menschen. Was ist sein einmaliges Bild, das er in seinem Leben zu verkörpern suchte?

Und denken Sie an Ihren eigenen Tod, stellen Sie sich der Frage: Welche Spur möchte ich hinterlassen in dieser Welt? Wie möchte ich heute leben, wenn es mein letzter Tag wäre?

So wird das Denken an die Toten Sie auf neue Gedanken bringen, auf die wesentlichen Gedanken, die Sie tragen.

32. ERINNERUNG AN DIE TOTEN: STERBETAG

An Allerseelen gedenken wir gemeinsam unserer Verstorbenen. Jeder Einzelne hält jedoch den Sterbetag seiner Eltern, seines Ehepartners, seiner Kinder und seiner nächsten Verwandten heilig. In der katholischen Kirche ist es Brauch, am Sterbetag lieber Menschen eine hl. Messe feiern zu lassen. Es ist gut, wenn die Familie oder die Verwandten am Sterbetag in die Eucharistiefeier gehen und sie bewusst als Feier der Gemeinschaft mit dem Verstorbenen feiern. Es ist dann nicht nur ein Gedenken an den Verstorbenen. Während wir Eucharistie feiern, feiern die Verstorbenen das ewige Hochzeitsmahl im Himmel. So gibt uns die Eucharistie Anteil am ewigen Mahl. Die Grenze zwischen Himmel und Erde, zwischen Leben und Tod wird aufgehoben. Und wir erleben die Gemeinschaft mit den Verstorbenen. Es geht im Gottesdienst nicht darum, für den Verstorbenen zu beten. Wir dürfen vertrauen, dass er bei Gott ist. Wir feiern Gottesdienst, um die Gemeinschaft mit dem Verstorbenen zu erfahren und um an ihn zu denken, damit wir mit unserem Leben eine Antwort auf sein Leben geben. Wir vergessen den Verstorbenen nicht, sondern integrieren ihn in unser Leben.

Wenn Sie am Sterbetag eines lieben Verstorbenen nicht in die Eucharistiefeier gehen können, dann stellen Sie in Ihrer Wohnung eine Kerze vor das Bild des Verstorbenen und lassen Sie sie brennen, solange Sie zu Hause sind. Und stellen Sie sich vor, dass dieses Licht dem Verstorbenen für immer leuchtet und dass es vom Himmel herab nun auch Ihr Haus und Ihr

Herz erhellt und mit seiner Liebe erwärmt. Der Verstorbene selbst ist in Gott zum Licht geworden, das die Dunkelheit Ihres Herzens vertreibt und Sie mit Hoffnung erfüllt.

33. ADVENTSBEGINN: SEGNEN DES ADVENTSKRANZES

In vielen Familien sind Rituale in der Adventszeit noch üblich und selbstverständlich. Aber viele Familien sind auch ratlos, wie Sie den Advent bewusst feiern können. Viele Menschen haben noch das Gespür dafür, dass die Adventszeit eine besondere Zeit für sie werden kann, eine stille Zeit, in der sie mit all ihren Sehnsüchten in Berührung kommen, mit der Sehnsucht nach Liebe und Geborgenheit, mit der Sehnsucht nach dem Kommen Jesu Christi, durch das ihr Leben eine neue Tiefe und Klarheit bekommt. Zugleich leiden sie daran, dass gerade diese Zeit immer hektischer wird. Und oft trauen sie sich nicht, die alten Rituale, die sie in der Kindheit vollzogen haben, in der Familie zu feiern. Sie haben Angst, die Kinder oder der Ehepartner könnten die Rituale ablehnen oder gar lächerlich machen. Daher ist es gut, schon vor Beginn der Adventszeit in der Familie anzusprechen, wie Sie gerne Advent und Weihnachten feiern möchten. Das Gespräch über die Rituale würde dann sehr schnell zu einem Gespräch über die Beziehungen in der Familie werden. Wollen wir überhaupt noch miteinander etwas feiern? Oder geht jeder seiner Wege? Trägt uns das noch, worauf Advent und Weihnachten hinweisen? Sagen Sie, warum Ihnen die Rituale wichtig sind und was sie für Sie bedeuten. Dazu ist allerdings Mut nötig. Denn damit drücken Sie Gefühle aus und machen sich verwundbar. Doch es ist zugleich die Einladung an die Familie, sich über den Grund Gedanken zu machen, der sie trägt.

Laden Sie die Familie ein, die Adventszeit mit einer Runde

um den Adventskranz zu beginnen. Sagen Sie, was Ihnen der Adventskranz bedeutet. Und dann segnen Sie den Kranz, bevor Sie die erste Kerze anzünden. In den segnenden Worten wird ausgedrückt, was der Adventskranz uns sagen möchte. Der Kranz erinnert an den Siegeskranz. Wir glauben, dass unser Leben gelingt, wenn wir auf das Kommen Christi warten und Christus eintreten lassen in unser Haus, wenn er bei uns anklopft. Und im Adventskranz geben wir unserer Hoffnung Ausdruck, dass Gott all das, was in uns zerbrochen oder brüchig geworden ist, wieder zusammenfügt und ganz macht.

Der Kranz soll unsere Hoffnung stärken, dass niemand in der Familie scheitert, dass auch im kommenden Jahr unser Leben gelingt. Und wir bitten darum, dass Gott alles in uns abrunden möge, was während des vergangenen Jahres kantig und hart geworden ist. Der Kranz verbindet auch den Kreis der Menschen, die sich um ihn herumsetzen. So drückt er den Wunsch aus, dass die Familie zusammenhält und niemand herausfällt aus dem Kreis ihrer Gemeinschaft.

Zünden Sie achtsam die erste Kerze an. Sprechen Sie dazu die Worte: «Das Licht Jesu Christi möge in dieser Adventszeit immer tiefer in uns eindringen und alle Bereiche unseres Lebens erleuchten. Es möge alle Dunkelheit aus unseren Herzen und aus unserem Haus vertreiben und unser Haus mit Liebe erfüllen.»

Es ist gut, vor jedem Adventssonntag ein kleines Ritual vor dem Adventskranz zu feiern, entweder allein oder am besten im Kreis der Familie. Dabei können wir eine Lesung aus der Sonntagsliturgie vorlesen und die Worte in uns eindringen lassen. Die Verheißungen der Propheten, die in der Advents-

zeit gelesen werden, wollen uns zeigen, dass Gott auch unser Leben verwandeln und erneuern wird. Wenn es geht, sollten wir gemeinsam ein Adventslied singen.
Wenn ich allein bin, höre ich mir eine der Adventskantaten von Johann Sebastian Bach an oder den adventlichen Teil aus dem Messias von Händel. Wenn die Familie musikalisch ist, kann sie gemeinsam eine Kantate anhören oder selber adventliche Musik spielen. Die Vorfreude auf Weihnachten wird dadurch nur noch tiefer.

34. NEU ERBLÜHENDES LEBEN (BARBARAZWEIGE)

Schon in vorchristlicher Zeit gab es den Brauch, vor der Sonnenwende Kirschzweige in eine Vase zu stellen, damit sie am 24. Dezember, dem dunkelsten Tag des Jahres, aufblühen. Die Kirschzweige galten als Liebeszweige. Wenn die Sonne sich verdunkelt und es draußen kalt wird, soll die Liebe die Herzen erleuchten und erwärmen. Die Christen haben diesen Brauch übernommen und mit dem Fest der hl. Barbara verbunden. Die hl. Barbara gehört zu den vierzehn Nothelfern. Ihr Name bedeutet ungefähr so viel wie «Ausländerin». Wir können sie also verstehen als die, die aus einer anderen Welt, aus der göttlichen Welt, zu uns kommt. Sie wird mit dem Turm dargestellt, einem Bild für Ganzheit. Und sie wird mit einem grünen priesterlichen Gewand dargestellt: Sie ist die priesterliche Frau, die das Abendmahl ins Gefängnis bringt. Die Legende berichtet, dass sie mit Ruten geschlagen wurde. Doch die Engel heilten ihre Wunden, und am nächsten Tag erstrahlte sie in größerer Schönheit als zuvor. So steht Barbara für die Hoffnung, dass unsere Wunden in Perlen verwandelt werden.

Nehmen Sie Zweige aus Ihrem Garten, entweder Kirschzweige oder Forsythienzweige, und stellen Sie sie in Ihr warmes Zimmer. Tun Sie es bewusst und achtsam. Stellen Sie sich vor, dass Sie mit diesen nackten Zweigen eine große Hoffnung für sich selber ausdrücken: dass das Neue, das Gott Ihnen an Weihnachten schenkt, das Sie aber in sich selbst noch nicht sehen, in Ihnen wirklich zur Blüte kommen wird. Nehmen Sie die Zweige als Bild dafür, dass auch Ihre Wunden in Perlen verwandelt werden und dass das Licht Jesu Christi, das Barbara ins Gefängnis gebracht hat, auch das Gefängnis Ihrer Angst und Ihrer Enge aufbricht und mit Liebe erfüllt. Die Liebe Christi, auf die diese Zweige hinweisen, möge stärker werden als alles, was uns von außen oder von innen verfolgt.

Christen drücken mit diesem Ritual ihren Glauben aus, dass Christus auch ihr Haus erleuchtet und Abgestorbenes und Erstarrtes zu neuem Leben weckt. Wir brauchen solche sinnenfälligen Rituale, um uns täglich an unsere Hoffnung zu erinnern. Der Anblick der Barbarazweige ist eine solche Erinnerung: dass auch in uns die Liebe stärker ist als die Kälte und dass das Licht heller sein wird als die Dunkelheit.

35. UNTER DEM CHRISTBAUM (HEILIGABEND)

In unserer Familie war es immer ein berührendes Ritual, wenn wir alle vor dem Christbaum standen, dessen brennende Kerzen das Wohnzimmer in ein warmes Licht tauchten. Der Vater las die Weihnachtsgeschichte aus dem Lukasevangelium vor. Dann sangen wir gemeinsam «Stille Nacht». Es ist ein einfaches Ritual. Aber es gibt dem Heiligen Abend ein besonderes Gepräge. Wer diesen Abend ohne Rituale feiert, der wird bald spüren, dass das bloße Zusammensitzen und Miteinander-Essen leer wird. Es braucht gerade an diesem Abend Rituale, damit wir wirklich Weihnachten feiern können. Eine adlige Frau erzählte mir, dass in ihrer Familie nach Ritualen gefeiert werde, die seit Jahrhunderten üblich seien. Das ist keine Nostalgie. Die Familie drückt damit aus, dass sie teilhat an der Glaubenskraft und Lebenskraft der vergangenen Geschlechter. Sie spürt in diesen Ritualen die tiefen Wurzeln, aus denen sie lebt. Sie hat teil an dem Glauben, der die Großmutter und den Urgroßvater befähigt hat, ihr Leben in schweren Zeiten zu bewältigen. Aber die Rituale müssen immer wieder mit Sinn erfüllt werden, und sie brauchen ein behutsames Vollziehen. Nur so werden sie für uns stimmig und schenken uns Anteil an der Sehnsucht, die die Menschen seit jeher mit Weihnachten verbunden haben, an der Sehnsucht nach Frieden, nach Liebe, nach Geborgenheit, nach einem neuen Anfang, nach der Nähe des heilenden Gottes.

Überlegen Sie sich, welche Rituale in Ihrer Familie üblich waren. Versuchen Sie, diese alten Rituale neu mit Sinn zu füllen.

Oder aber überlegen Sie, welches Ritual für Sie passt.

Wenn in diesem Jahr ein lieber Mensch gestorben ist, den Sie jetzt an Weihnachten vermissen, dann stellen Sie eine Kerze an die Krippe und stellen sich vor, dass er oder sie jetzt im Himmel das Geheimnis der Menschwerdung schaut, während wir es hier im Glauben feiern. Dann geht Ihnen vielleicht auf neue Weise auf, was Weihnachten bedeutet.

Im Hause Bonhoeffer war es ein schönes Ritual, vom Christbaum einen Zweig abzubrechen und ihn auf das Familiengrab zu legen. Christus, der geboren wurde, damit wir nicht für immer sterben, möge auch den Verstorbenen ewiges, unvergängliches Leben schenken.

Überlegen Sie früh genug, wie Sie den Heiligen Abend feiern wollen. Und wenn es in Ihrer Familie verschiedene Vorstellungen darüber gibt, sprechen Sie früh genug darüber. Das Gespräch über die Rituale wird sich nicht nur um die äußeren Formen drehen, sondern letztlich um unsere Beziehungen: Können und wollen wir noch gemeinsam ein Fest wie Weihnachten feiern? Oder müssen wir uns eingestehen, dass wir uns so auseinandergelebt haben, dass ein gemeinsames Fest nicht mehr gelingt?

Bevor wir uns das eingestehen, sollten wir jedoch noch einmal überlegen, was alles uns gemeinsam doch noch trägt und wie wir das an Weihnachten zum Ausdruck bringen können.

36. WEIHNACHTEN: CHRISTUS IN MEINEM HERZEN

Weihnachten ist ein Familienfest. Aber es ist auch ein Fest der Mystik, ein Fest der Stille. Daher braucht es auch persönliche Rituale, die ich an Weihnachten allein für mich vollziehe. Wenn ich immer nur mit den anderen zusammen bin, fehlt mir etwas Wesentliches von Weihnachten. Ich brauche auch die Stille und die Einsamkeit, damit ich die Geburt Jesu Christi in meinem Herzen erahne.

Für mich gibt es eine Gebärde, die für die Weihnachtszeit passt und das Geheimnis dieser Zeit gut zum Ausdruck bringt. Es ist die Gebärde der Hände, die ich übereinander in die Brustmitte halte. Es gibt die Haltung der überkreuzten Arme über der Brust. Das ist die Gebärde, die Tür zu schließen und den inneren Raum der Stille zu schützen. Davon unterschieden ist diese weihnachtliche Gebärde. Ich spüre mit beiden Händen die Wärme in der Brustmitte. Und ich spüre die Sehnsucht, die in meiner Brust aufsteigt. In der Sehnsucht spüre ich mich selbst, und ich spüre Gott. In der Sehnsucht nach Liebe erfahre ich die Liebe. Und in der Sehnsucht nach Geborgenheit fühle ich bereits Heimat.

In der Weihnachtszeit verweist mich diese Gebärde auf die Geburt Jesu in meinem Herzen. Ich kann mir die Wärme vorstellen, die das Lächeln des Kindes im Stall von Bethlehem verbreitet, und das milde Licht, das dem Stall eine angenehme Atmosphäre schenkt. Im Mittelalter haben die Beginen (Frauen, die sich zu religiösen Gemeinschaften zusammenschlossen) und Klosterfrauen in dieser Gebärde das sogenannte «Kindleinwiegen» praktiziert. Das kommt uns etwas fremd vor. Aber es war ein Weg, das Geheimnis von Weihnachten mit Leib und Seele zu erahnen und zu erspüren.

Wenn ich das Weihnachtsoratorium von Johann Sebastian Bach höre, dann halte ich meine Hände in die Brustmitte und wiege mich hin und her bei den beiden Alt-Arien «Bereite dich, Zion, mit zärtlichen Trieben» und «Schlafe, mein Liebster, genieße der Ruh». Dabei erahne ich, was Bach mit der Musik ausdrücken will: dass die Geburt Jesu in unserem Herzen geschieht und dass sie uns mit Zärtlichkeit und Liebe erfüllt. Dann verwandelt Weihnachten meine Selbstwahrnehmung: Ich blicke nicht mehr mit einer Brille der Selbstentwertung auf mich, sondern ich schaue im Licht von Weihnachten, dass mein Herz voll von Licht und Liebe ist. Das schenkt mir inneren Frieden.

Die Gebärde der über der Brust gekreuzten Hände kann nicht nur das Geheimnis der Geburt Jesu in Leib und Seele tiefer spüren lassen, sie vermag auch das innere Gestimmtsein und die Selbstwahrnehmung zu verwandeln und das Herz mit Licht und Liebe zu erfüllen.

37. GEBURTSTAGE

Jeder von uns feiert Geburtstag. Aber viele sind nicht mehr zufrieden mit der Art und den Formen, wie er üblicherweise gefeiert wird.

Ein gemeinsames Mahl ist eine gute Gelegenheit, um die Gemeinschaft mit anderen zu erfahren, aber gutes Essen allein ist zu wenig, um das Geheimnis unseres Lebens auszudrücken. Durch Rituale können Gefühle ausgedrückt werden, die sonst nie Ausdruck finden. Wenn Sie selbst Geburtstag feiern, überlegen Sie sich, was der richtige Rahmen sein könnte, in dem Gefühle ausgedrückt werden können.

Warten Sie nicht auf andere. Fangen Sie selbst an, an Ihrem Geburtstag den Menschen zu danken, denen sie viel verdanken. Dann öffnen Sie auch die Herzen der Menschen, die Sie zu Ihrem Geburtstag eingeladen haben. Und sie werden Ihnen nicht nur Oberflächliches sagen, sondern das, was sie im Herzen spüren.

Wenn Sie den Geburtstag eines lieben Menschen feiern, dann überlegen Sie sich, welches Ritual Sie einbringen wollen. Wenn meine Mutter Geburtstag hatte, kamen alle Geschwister zusammen. Ich hielt viele Jahre bei dieser Gelegenheit eine kleine Ansprache. Doch dann spürte ich Unzufriedenheit in mir. So dachte ich mir jedes Jahr ein anderes Ritual aus. In einem Jahr lud ich meine Geschwister ein, zu erzählen, was sie von der Mutter gelernt und für ihr Leben mitgenommen hatten. In einem anderen Jahr sangen wir gemeinsam ein Lied: «Du bist gesegnet. Ein Segen bist du.» Dabei legte jeder der Mutter die Hände still auf den Kopf. In diesem Ritual war viel

Zärtlichkeit und Liebe. Es hat nicht nur meiner alten Mutter, es hat allen ihren Kindern gutgetan. Rituale vertiefen die Beziehungen. Sie sind eine Chance, sich näherzukommen und das Geheimnis unseres Lebens zu feiern.

Es gibt natürlich Familien, in denen Rituale etwas Ungewohntes sind, in denen sie vielleicht sogar lächerlich gemacht werden. Da ist es schwer, am Geburtstag geeignete Formen zu finden. Rituale können kaputte Beziehungen natürlich nicht heilen. Aber sie können Bewegung in erstarrte Beziehungen bringen. Und sie können die verdrängten und versteckten Gefühle wieder zum Vorschein bringen. Es muss immer eine Hemmschwelle überwunden werden, um eine Gruppe zu einem Ritual einzuladen. Aber wenn wir diese Schwelle erst einmal überwunden haben und wenn wirklich alle mitmachen, entsteht oft eine Dichte und Intimität, die alle tief berührt. Überlegen Sie also, wenn Sie den Geburtstag Ihres Vaters oder Ihrer Mutter feiern, welches Ritual Sie feiern möchten.

Es ist gut, auch bei Geburtstagsfesten mit einem Symbol zu arbeiten. Verzieren Sie eine Kerze mit Symbolen, die etwas vom Wesen des Vaters oder der Mutter ausdrücken. Und überreichen Sie diese Kerze, indem Sie die Symbole erklären.

Jemand hat zu seinem siebzigsten Geburtstag seinen Gästen etwa eine Plakette an die Kleidung gesteckt, auf der stand: «Das Leben ist schön.» Er gab damit zu verstehen, dass sein Leben trotz aller Probleme, die auch er gehabt hatte, insgesamt ein glückliches Leben war, und er lud die anderen mit diesem Ritual ein, an dieser Zustimmung zum Dasein teilzuhaben. Es gibt viele kreative und positive Symbole, die etwas aussagen können, was mit Worten allein nicht gelingt.

Wenn Sie für sich selbst Ihren Geburtstag feiern möchten, dann nehmen Sie sich alte Bilder aus Ihrer Kinderzeit heraus und schauen Sie sie an. Sie entdecken auf den Bildern Ihre eigene Lebendigkeit und Fröhlichkeit, das unbeschwerte und unverfälschte Bild, das Gott sich von Ihnen gemacht hat. So kommen Sie mit Ihrer eigenen Geburt und Ihrem eigenen Kern in Berührung. Sie erleben eine neue Geburt. Und die Bilder werden in Ihnen Dankbarkeit hervorrufen für all die Jahre, die Sie bis jetzt erlebt haben.

38. NAMENSTAGE

Du trägst deinen Namen nicht zufällig. Die Eltern haben ihn bewusst für dich ausgesucht. Sie haben dich mit diesem Namen gerufen. Dein Name ist wie ein Motto für dein Leben, wie ein Programm für dich. Er ist wie eine Gestalt, in die du hineinwachsen kannst, durch die du zu deinem eigenen Urbild gelangst, dem Bild, das Gott sich von dir gemacht hast. Wenn du Namenstag feierst, dann versuche etwas über deinen Namenspatron in Erfahrung zu bringen. Schau in einem Heiligenlexikon nach, was dein Name von der Etymologie her bedeutet. Und dann lies entweder die Legenden oder etwas aus der Geschichte oder etwas aus den Schriften des Heiligen, dessen Namen du trägst. Du sollst deinen Heiligen natürlich nicht kopieren, aber du kannst im Spiegel seines Lebens dein eigenes Leben betrachten. Dann wirst du das Geheimnis deiner eigenen Person entdecken.

Ein Ritual ist, sich langsam und laut vorsagen: «Ich bin Anselm. Ich bin Maria. Ich bin Doris. Ich bin Joseph.» Und sich dabei zu vergegenwärtigen: Ich heiße nicht nur so, ich *bin* dieser Name.
Spüre, was der Klang deines Namens in dir hervorruft.
Und dann stell dir vor, dass Gott dich bei diesem Namen ruft.
Lass die Worte Gottes in dein Herz fallen: «Fürchte dich nicht, denn ich habe dich ausgelöst, ich habe dich beim Namen gerufen, du gehörst mir. Wenn du durchs Wasser schreitest, bin ich bei dir, wenn durch Ströme, dann reißen

sie dich nicht fort. Wenn du durchs Feuer gehst, wirst du nicht versengt, keine Flamme wird dich verbrennen.» (Jes 43,1f)

Wenn du einem anderen zum Namenstag gratulierst, so beschäftige dich zuerst mit seinem Namen, mit der Wortbedeutung dieses Namens, mit den Legenden und der Geschichte des Heiligen, dessen Namen er trägt. Und dann schau den anderen im Licht dieses Namens, dieses Heiligen an. Dann sprich das an, was du im anderen siehst – etwa die Liebe und die Freiheit einer hl. Elisabeth, die Gerechtigkeit eines hl. Josef – und wünsche ihm, dass er immer mehr hineinwächst in seine eigene Gestalt und in sich den Reichtum entfaltet, den Gott in ihn hineingelegt hat.

DRITTER TEIL 39–50

Das Leben vertiefen

Rituale eignen sich nur dazu, den Tag zu gestalten oder den Jahreskreis tiefer zu erleben. Sie können auch helfen, wichtige innere Haltungen einzuüben. Sie können dazu beitragen, therapeutische Prozesse abzuschließen. Und sie eignen sich dazu, sich zu befreien von alten Lasten, um sich auszusöhnen mit sich selbst und um innerlich zu wachsen. In jüngster Zeit hat sich vor allem die Paartherapie mit Ritualen beschäftigt. Sie hat für Paare Versöhnungs- und Abschiedsrituale entwickelt. Und sie hat die heilende Wirkung der Rituale auf das Zusammenleben von Partnern erforscht. Die Pädagogin Anke Birnbaum meint, dass Rituale die Identifikation mit dem gemeinsamen Leben als Paar und den Zusammenhalt verstärken. Sie schreibt: «Rituale ermöglichen den Partnern eine Zeit lang die Abgrenzung von der Außenwelt und den mit ihr verbundenen Anforderungen. Paare können sich mit ihnen Zeit und Raum für Zweisamkeit schaffen und damit die Voraussetzungen für ungestörte Kommunikation und Aktivitäten.» Im Ritual drücken die Paare ihre Gefühle aus, etwa im Gute-Nacht-Kuss.

In den Ritualen vergewissern sich die Paare auch ihrer gemeinsamen Geschichte. Sie feiern zum Beispiel gemeinsam ihren Hochzeitstag oder den Tag ihres Kennenlernens. Solche Rituale intensivieren die Verbundenheit in der Beziehung. Und Rituale sind schließlich auch gute Stresspuffer. Denn es ist vor allem Stress, der viele Paarbeziehungen belastet. In den Ritualen schaffen sich die Paare bewusst einen Freiraum, in dem sie die Zeit miteinander verbringen. Sie unterbrechen den Stress, der von außen auf sie einstürmt.

Rituale können helfen, familiäre Konflikte zu beenden. Doch wir dürfen die Rituale auch nicht überfordern. Eine Mutter fragte mich: «Ich habe Probleme mit meiner Tochter.

Welches Ritual kann ich vollziehen?» Ich fragte, was denn das Problem sei. Sie solle erst einmal mit ihrer Tochter ins Gespräch kommen. Vielleicht kann am Ende des Gespräches dann ein Ritual stehen, das etwas abschließt, was als Dauerkonflikt immer wieder die Beziehung belastet hat. Aber man darf im Ritual nicht ein Zaubermittel sehen, das alle Probleme löst. Rituale stehen oft am Ende eines gemeinsamen Prozesses, auf den man sich eingelassen hat. Sie schließen die Tür der Vergangenheit, so dass die vergangenen Verletzungen nicht ständig als Vorwurf verwendet werden. Nur so kann sich die Tür in die Zukunft öffnen.

Rituale können aber auch für den Einzelnen ein guter Abschluss eines inneren Weges sein. Wenn man in der Therapie vieles angeschaut hat, dann ist es gut, die Therapie mit einem Ritual abzuschließen. Oder ich kann vergangene Verletzungen durch ein Ritual begraben und mich von ihnen verabschieden. Die Rituale ersetzen nicht die Therapie oder die geistliche Begleitung. Aber sie sind Hilfen für den therapeutischen und spirituellen Prozess, und sie können einen guten Schlusspunkt setzen, wenn Altes losgelassen und Neues gewagt werden soll.

Wenn ich in diesem Kapitel einige derartige Rituale beschreibe, dann soll das nur die Phantasie anregen, eigene Rituale zu entwickeln. Jeder hat in sich die Fähigkeit, Rituale zu entwickeln. Kinder erfinden beispielsweise spontan Rituale, die ihnen helfen, besser durch das Leben zu gehen.

Bei Kindern haben die Rituale oft die Funktion, Ängste zu bewältigen. Kinder treten z. B. nur auf jeden dritten Pflasterstein. Sie meinen, dann könne ihnen nichts Schlimmes passieren. Oder sie stellen sich vor, dass unter jedem ihrer Schritte ein Baum wachsen könnte. Das klingt magisch. Und Rituale können tatsächlich mit Magie zu tun haben. Aber sie sind nicht magisch, wenn sie Ausdruck eines Glaubens sind. Den Glauben an Gott, der mich trägt und mir beisteht, möchte ich in konkreten Formen ausdrücken. Im Ritual vergewissere ich mich der heilenden und befreienden Nähe Gottes. Aber die Rituale rufen die Nähe Gottes nicht herbei. Gott ist mir nahe, auch ohne Rituale. Rituale helfen mir allerdings, die heilende Kraft Gottes zu spüren.

Trauen Sie also Ihrer eigenen Phantasie. Spüren Sie, wann es gut ist, mit einem Ritual etwas abzuschließen oder eine neue Phase in Ihrer Entwicklung zu beginnen. Stülpen Sie sich nicht fremde Rituale über, sondern prüfen Sie sich, ob ein bestimmtes Ritual auch für Sie stimmt.

39. VERSÖHNUNG MIT DER EIGENEN LEBENSGESCHICHTE

Es ist eine lebenslange Aufgabe, sich mit der eigenen Lebensgeschichte zu versöhnen. Die Versöhnung kann in einer Therapie geschehen. Sie ist aber auch das Thema des geistlichen Weges. Im Kern geht es darum, vor Gott die Verletzungen der Lebensgeschichte anzuschauen und darauf zu vertrauen, dass Gott all diese Wunden in Perlen zu verwandeln vermag. Er wird mir die Wunden nicht wegnehmen. Ich soll darauf vertrauen, dass mein Leben gerade mit diesen Verletzungen wertvoll und einmalig ist. Ich mache weder Gott noch anderen Menschen Vorwürfe, dass ich so verletzt wurde. Mit dem eigenen Leben versöhnt sein heißt vielmehr, dass ich dankbar darauf zurückschaue und in den Wunden meine eigenen Stärken entdecke. Die Wunden halten mich lebendig und bringen mich auf den Weg zu Gott sowie zu mir selbst und zu den Menschen. Jeder kann seine eigenen Rituale finden, um sich mit der eigenen Lebensgeschichte auszusöhnen. Der eine vollzieht dieses Ritual bewusst in der Gegenwart anderer. Wenn er Zeugen für sein Ritual hat, dann bekommt das Ritual für ihn etwas Verpflichtendes. Das bedeutet nämlich: Ich habe mich ausgesöhnt mit meiner Geschichte. Jetzt darf ich nicht wieder damit anfangen, andere anzuklagen, dass mein Leben so verlaufen ist. Ein anderer möchte dieses Ritual lieber allein für sich erleben.

Ich lade dich ein zu einem persönlichen Ritual, ganz allein für dich:
Setz dich still vor eine Kerze, vor eine Ikone oder in die Bank einer Kirche.
Stell dir vor, dass Gottes heilende und liebende Nähe dich umgibt.
Und dann denk vor den wohlwollenden und liebenden Augen Gottes über deine Lebensgeschichte nach.
Was fällt dir ein?
Wofür bist du dankbar?
Welche schmerzlichen Erlebnisse kommen dir hoch?
Halte die Wunden Gott hin.
Stell dir vor, dass Gottes Liebe in deine Wunden dringt und sie verwandelt.
Von Gottes Liebe berührt, hören die Wunden auf zu schmerzen.
Sie dürfen sein. Sie werden zu Perlen, die dich schmücken.
Dann bitte um den Geist der Versöhnung, damit du Ja sagen kannst zu dir, so wie du durch deine Lebensgeschichte geworden bist.

Du kannst die Versöhnung mit deiner Lebensgeschichte auch handfester gestalten. Sammle in der Natur Dinge, die dir in die Augen fallen als Symbole für die Verletzungen deiner Lebensgeschichte. Oder schreibe alle deine Selbstvorwürfe auf, von denen du nicht loskommst. Dann nimm einen Eimer Blumenerde und begrabe all diese Gegenstände oder die Zettel, die du beschrieben hast. Es wäre gut, wenn Du einen Zeugen oder eine Zeugin dabei hast, deine Frau, deinen Mann oder eine Freundin.

Nimm all diese Symbole in die Hand und sag laut: Ich begrabe mit diesem Stein, mit diesem abgeschnittenen Zweig, mit diesem Stück Papier die Verletzung, die Kränkung durch den und den. Dann säe Blumensamen in die Erde und stell den Blumentopf in deiner Wohnung oder in deinem Garten auf.

Natürlich ist das Ritual keine Garantie, dass die alten Selbstvorwürfe nicht wieder hochkommen oder die Verletzung dich nicht wieder schmerzt. Aber dann sage dir: Ich habe sie begraben. Ich lasse sie begraben sein. Es hat keinen Zweck, in der Erde zu wühlen. Sonst können die Blumen nicht wachsen. Ich lasse all das, was mich belastet, als fruchtbaren Boden, auf dem schöne Blumen blühen.

40. VERSÖHNUNG MIT SICH SELBST

Die Versöhnung mit der eigenen Lebensgeschichte ist die Voraussetzung dafür, dass ich Ja zu mir selbst sagen kann. Aber unabhängig von meiner Geschichte geht es immer wieder auch darum, mich mit mir zu versöhnen, so wie ich mich hier und jetzt erlebe. Wenn ich in mich hineinschaue, erlebe ich Haltungen, Phantasien, Emotionen und Leidenschaften, die ich am liebsten verbergen möchte. Ich brauche dann viel Energie, um all das zu unterdrücken, was ich nicht gutheiße in mir. C. G. Jung hat sich mit den «Schattenseiten», die jeder Mensch hat, besonders eingehend beschäftigt. Wir zeigen unsere guten Seiten; die anderen Seiten verstecken wir. Doch dann geraten sie in den Schatten und werden Dunkelheit in uns verbreiten. Aus dem Schatten heraus melden sie sich oft auf unangenehme Weise zu Wort. Die verdrängte Aggression blitzt durch unsere freundliche Fassade hervor, die unterdrückte Bedürftigkeit meldet sich durch das Überschreiten der Grenzen eines anderen. Der Schatten ist ein Bereich, mit dem ich mich versöhnen soll. Der andere Bereich sind die Selbstvorwürfe, Selbstbeschuldigungen und Selbstentwertungen. Sie weisen mich alle auf ein illusionäres Selbstbild hin, von dem ich mich verabschieden soll.

Folgendes Ritual könnte eine Hilfe sein, mich mit mir, so wie ich bin, auszusöhnen und Ja zu sagen zu mir selbst.
Setz dich still in deine Meditations- oder Gebetsecke oder an einen Ort, an dem du dich geborgen fühlst.

Untersuche deine eigenen Selbstvorwürfe. Was wirfst du dir vor?
Welches Bild von dir selbst steht hinter deinen Schuldzuweisungen?
Versuche, alle Selbstbeschuldigungen loszulassen. Höre auf, dich zu beschuldigen oder zu entschuldigen. Halte dich, so wie du bist, und dein Verhalten, so wie es war, einfach in Gottes vergebende Liebe hinein. Und versuche dir nun selbst zu vergeben. Vielleicht wird dann auch deine Schuld zu einer glücklichen Schuld. Sie stürzt dich vom Thron deiner Selbstgerechtigkeit. Sie lässt dich Mensch unter Menschen werden, barmherzig und milde, versöhnt und Versöhnung ausstrahlend. Du brauchst Gott gar nichts vorzuweisen. Ihm ist es lieber, du hältst ihm dein zerbrochenes Herz ihn. Das wird er nicht verschmähen. (vgl. Ps 51,19)
Frage dich, welche illusionären Selbstbilder hinter deinen Selbstvorwürfen stecken. Und dann betrauere, dass du so bist, wie du bist, nicht so ideal, wie du dir es erträumst, sondern durchschnittlich, mit Stärken und Schwächen. Nur wenn du bereit bist, deine Durchschnittlichkeit zu betrauern, wenn du durch den Schmerz über deine Brüchigkeit hindurchgehst, kannst du dich aussöhnen mit dir selbst. Und du wirst auf einmal das Potenzial entdecken, das in deiner Seele schlummert. Dann kannst du dankbar das leben, was du bist und was dich ausmacht.
Dann schau deine Schattenseiten an. Du erkennst sie, wenn du deine empfindlichen Reaktionen anschaust.
Wo reagierst du empfindlich?
Welche unterdrückte Seite in dir meldet sich da zu Wort?
Was möchtest du am liebsten vor dir und vor anderen verstecken?

Halte es Gott hin und stell dir vor, dass Gottes Licht all deine Schattenseiten durchdringt und verwandelt in eine Quelle von Lebendigkeit und Kraft.

41. VERSÖHNUNG MIT GOTT

Wenn unser Leben nicht so verläuft, wie wir uns das erhoffen, machen wir das oft Gott zum Vorwurf. Er hat nicht für uns gesorgt. Er hat uns nicht vor der Krankheit, vor dem Verlust eines lieben Menschen, vor dem Scheitern bewahrt. Und wir haben den Eindruck, dass wir zu kurz gekommen sind, dass Gott anderen das Glück in die Wiege gelegt hat, uns aber nicht. Viele rebellieren dann. Sie können nicht mehr beten. Sobald sie in der Kirche die frommen Lieder mitsingen sollen, wehrt sich alles in ihnen. Die Einladung, Gott mit Herzen, Mund und Händen zu danken, «der uns von Mutterleib und Kindesbeinen an unzählig viel zugut bis hierher hat getan», empfinden sie als Zumutung. Das entspricht nicht ihrer Erfahrung.

Doch solange wir unversöhnt mit Gott sind, solange fällt es uns auch schwer, uns mit uns selbst zu versöhnen.

Folgendes Ritual möchte dir helfen, dich mit Gott auszusöhnen:
Wenn du still in deiner Meditations- oder Gebetsecke sitzt, dann versuche, in dich hineinzuhören:
Welche Bilder hast du dir von Gott gemacht?
Hat dein Leben dir deine Gottesbilder bestätigt oder sie infrage gestellt?
Was wirfst du Gott vor?
Wenn dein Leben deine Gottesbilder zerbricht, was taucht hinter deinen Bildern von Gott auf?
Vielleicht ahnst du, dass Gott ganz anders ist als unsere

Bilder, die wir uns von ihm gemacht haben. Versuche, dich mit all deinen Vorwürfen, mit deiner Rebellion in Gott hinein zu ergeben, dich in die unbegreifliche Liebe Gottes hineinfallen zu lassen. Du kannst dazu deine Hände zu einer Schale formen. Du lässt mit dieser Geste deine Bilder von Gott los und hältst deine leeren Hände Gott hin, mit der Bitte, dass der unbekannte und unverständliche Gott deine Hände mit seiner Liebe füllt.

Ein anderes Ritual: Schreib Gott einen Brief. In ihm kannst du Gott alles vorwerfen, was dir schwerfällt. Aber dann frag Gott immer wieder auch, wie er das alles gemeint hat und was seine tiefste Absicht mit dir ist. Führe in deinem Brief einen Dialog mit Gott. Du kannst zwischendrin Gott selbst antworten lassen auf deine Fragen und Vorwürfe. Vielleicht denkst du: Das geht ja gar nicht. Denn du schreibst die Antworten Gottes ja selbst. Natürlich sind es auch deine Gedanken. Aber wenn du dich in Gott hineinspürst, werden dir andere Gedanken in die Feder fließen. Und du wirst auf einmal Gott besser verstehen. Gott wird dir vertrauter. Du gibst ihm eine Stimme. Und mit ihr kannst du dich auseinandersetzen.
Und dann versuche Gott zu schreiben, dass du ihn annimmst als den Herrn des Himmels und der Erde und auch als deinen persönlichen Herrn, dass du bereit bist, dich auf seinen Willen einzulassen, auch wenn du ihn nicht verstehst. Bitte Gott, dass er dir inneren Frieden und Versöhnung schenken möge. Und dann ergib dich in seine Unergründlichkeit hinein, in dem Vertrauen, dass das Sich-Ergeben dich befreit zu deinem wahren Selbst.

42. VERSÖHNUNG IN DER FAMILIE

Jede Gemeinschaft braucht Versöhnungsrituale. Im Kloster gab es früher die sogenannte Culpa, in der man sich anklagte, der Gemeinschaft Schaden zugefügt oder ihr durch sein Verhalten geschadet zu haben. Das Ritual wurde irgendwann leer und formelhaft. Dann hat man es abgeschafft. Doch danach wurde vielen Gemeinschaften klar, dass sie ein Ritual der Reinigung und Versöhnung brauchen, weil sonst die Tendenz verstärkt würde, die Gemeinschaft immer mehr zu vernachlässigen und nur noch sein eigenes Leben zu leben. Auch eine Familie braucht Versöhnungsrituale, damit die täglichen Verletzungen, die oft gar nicht wahrgenommen werden, sich nicht in den Herzen festsetzen und die Beziehungen belasten. Eine gute Gelegenheit für ein solches Versöhnungsritual in der Familie wäre ein Abend in der Adventszeit oder in der Fastenzeit.

Lade deine Familie ein zu einer Versöhnungsfeier. Lies einen Text aus der Bibel, in dem es um das Miteinander in der Familie geht, z. B. aus dem Römerbrief 12,9–18 oder aus dem Kolosserbrief 3,12–17. Dann lade alle ein, zu erzählen, wofür sie dankbar sind im vergangenen Jahr, was schöne Erfahrungen waren. Und jeder kann dann auch sagen, was aus seiner Erfahrung und in seiner Sicht nicht so gut gelaufen ist. Und wenn er möchte, kann er sich dafür entschuldigen.

Wenn die Kinder noch kleiner sind, können sie auch etwas malen, anstatt es in Worte zu fassen. Sie können in ihren Bildern ausdrücken, was die Familie belastet und was ihr nicht guttut. Am Schluss können sie diese Bilder dann verbrennen. Wenn jeder etwas gesagt oder gemalt hat, kann man die Versöhnung mit einem gemeinsamen Gebet beschließen, bei dem man sich an der Hand nimmt. Dann verbindet das gemeinsame Beten die ganze Familie. Und dann kannst du noch einen Segen sprechen – entweder einen persönlichen Segen, oder du kannst ein Segensgebet vorlesen, das dich anspricht. Dann könnt ihr miteinander ein Fest der Versöhnung feiern, mit einem gemeinsamen Essen und einer Kerze auf dem Tisch.

43. PAARRITUALE

Die Psychologie hat in den letzten Jahren neu entdeckt, welch große Bedeutung Rituale für das gelingende Zusammenleben von Paaren haben. Da gibt es die Rituale des Lebenszyklus, etwa die Hochzeitsfeier oder die Feier eines bestandenen Examens. Es gibt die Rituale an den Festen des Kirchenjahres, besonders an Weihnachten, die das Paar oft so vollzieht, wie es beiden von ihren Herkunftsfamilien her überkommen ist. Und es gibt die speziellen Rituale, wie Geburts- und Jahrestage oder das Begehen des Hochzeitstages oder Kennenlerntages, in denen das Paar dankbar und voller Freude auf den Ursprung der Beziehung schaut. Es gibt aber auch die Rituale des alltäglichen Lebens. Anke Birnbaum stellt fest: «Alle Paare konstruieren, wenn auch oftmals unbewusst, bestimmte Tages- und Wochenrituale, Abschieds- und Wiedersehensriten.» Wenn Paare solche Rituale begehen, vertiefen sie ihre Beziehung. Oft gibt es deswegen allerdings auch Irritationen, beispielsweise wenn der Mann den Geburtstag seiner Frau vergisst oder einmal keine Blumen am Hochzeitstag mitbringt. Rituale schaffen einen Raum der Sicherheit und Geborgenheit. Das Vergessen der gemeinsam ausgemachten Rituale verletzt den Partner oder die Partnerin.

Soziologen sagen uns, dass die Ehepartner am Tag oft nicht länger als zehn Minuten miteinander reden. Stattdessen verbringen sie oft passiv den Abend vor dem Fernseher. Dabei täten gut ritualisierte Momente der Einkehr, der Besinnung und des gemeinsamen Gesprächs der Beziehung wirklich gut. Inzwischen schlagen daher viele Psychologen ritualisierte

Paargespräche vor, damit die Wahrnehmung der Gefühle und Bedürfnisse des Partners und der wechselseitige Austausch in einem tieferen Sinne auch gelingt.

Es gibt zum Beispiel den Sprechstein: Einmal in der Woche reservieren sich die Ehepartner einen Abend füreinander. Jeder darf das sagen, was ihn bewegt. Während er spricht, nimmt er einen Sprechstein. Solange er spricht, darf der andere ihn nicht unterbrechen. Erst wenn der Stein wieder auf dem Tisch liegt, kann ihn der andere nehmen und nun das sagen, was ihm wichtig ist.

Oder es gibt ritualisierte Streitgespräche. Wenn das Streitgespräch klare Formen hat, gelingt das Streiten besser. Statt den anderen dabei zu verletzen, kommt man sich gegenseitig näher, und man klärt etwas, was die Beziehung belastet.

Ich möchte bei der Vielfalt der möglichen Rituale nur eines empfehlen: Setzen Sie sich gemeinsam mit Ihrer Frau, mit Ihrem Mann an einem Abend in der Woche in eine bequeme und geschützte Ecke Ihrer Wohnung, ungestört von den Kindern. Stellen Sie in Ihre Mitte eine Kerze und zünden Sie sie an. Trinken Sie gemeinsam ein Glas Rotwein oder eine Tasse Tee, wenn Ihnen das lieber ist. Dann erzählen Sie sich gegenseitig, was Sie gerade bewegt. Der Blick auf die Kerze, die zwischen Ihnen brennt, lädt Sie ein, auch das ins Wort zu bringen, was Sie beide übersteigt, was Sie im Tiefsten verbindet. Sprechen Sie nicht nur über Ihre Gefühle, sondern auch über das, was Sie in der Tiefe miteinander verbindet, über Ihre gemeinsame Sehnsucht, über Ihren spirituellen Weg, über die Erfahrungen, die Ihr Herz berührt haben. Natürlich haben in diesem Gespräch auch Ihre Sorgen Platz, die Sorge um die Kinder, die Sorge um den Arbeitsplatz und die Sorge um die alten Eltern. Beschließen Sie das Gespräch immer mit einem ausdrücklich ausgesprochenen Dank, in dem Sie für alles danken, was Gott Ihnen geschenkt hat, und in dem Sie vor allem für die Liebe danken, die ihren Grund hat in der unerschöpflichen und unermesslichen Liebe Gottes.

44. RITUALE DER ZWEISAMKEIT

Paare brauchen Rituale der Zweisamkeit, in denen sie sich abschirmen von den Belastungen und Einflüssen von außen. Oft muss die gemeinsame Zeit dafür erkämpft werden; sonst stehen entweder die Kinder im Mittelpunkt, oder aber äußere Belastungen bestimmen das Miteinander. Rituale schützen das Paar vor dem Stress, dem es sich oft ausgesetzt sieht. Und sie schaffen einen Freiraum für die Zweisamkeit. Das ermöglicht es dem Paar, sich immer wieder füreinander zu öffnen und die Gefühle auszudrücken, die beide im Tiefsten verbinden. Viele Paare haben das Ritual des Begrüßungskusses und des Gute-Nacht-Kusses. Das sind kurze Augenblicke. Und dennoch sind sie wichtig, damit sich das Paar immer wieder der Liebe vergewissert, die es trägt. Es gibt viele Rituale der Zweisamkeit. Für das eine Paar ist es der gemeinsame Spaziergang, für ein anderes der gemeinsame Besuch eines Konzerts, eines Theaterstücks oder eines Museums. Auch die Zärtlichkeit zwischen Mann und Frau braucht Rituale.

Ich möchte folgendes Ritual empfehlen:
Reservieren Sie sich einen Abend oder irgendeine andere Stunde während der Woche für einen gemeinsamen Spaziergang. Gehen Sie die ersten 10 Minuten schweigend nebeneinander. Schauen Sie die Natur an, die Sie umgibt. Hören Sie auf die Geräusche um sich herum. Und riechen Sie den Geruch des Waldes, der Wiese, der Felder. Und horchen Sie in sich hinein, was Ihre tiefste Sehnsucht ist. Und dann sprechen Sie miteinander, aber nicht über Ihre Sorgen und

Probleme, sondern über das, was Sie wahrgenommen haben. Natürlich braucht es auch einen Raum, über Ihre Sorgen und Ängste zu reden. Aber es tut auch gut, einmal über sich und den engen Horizont der eigenen Familie hinauszusehen und auf das zu blicken, was Sie im Innersten berührt. Die Natur, die Sie umgibt, wertet nicht. Sie trägt Sie. Sie haben teil an ihrer Lebenskraft, an ihrer Liebe, die sie durchdringt. Sie brauchen immer wieder die Erfahrung der gemeinsamen Quelle, aus der Sie trinken. Und in der Natur kommen Sie mit der Quelle der Liebe Gottes in Berührung, die alles durchdringt und die auch in Ihnen strömt, ohne je zu versiegen, weil sie göttlich ist.

45. FREUNDSCHAFTSRITUALE

Auch Freundschaft braucht Rituale. Das kann der regelmäßige Telefonanruf sein oder eine gemeinsame Wanderung, die man von Zeit zu Zeit ausmacht. Freundschaft will gepflegt werden, sonst zerrinnt sie irgendwann zwischen den Fingern. Es gibt Freundschaften, die auch dann weiterbestehen, wenn man kaum Kontakt hat. Wenn man sich sieht, ist die Freundschaft sofort wieder präsent. Aber normalerweise braucht auch eine Freundschaft Rituale, in denen man Zeit füreinander aufbringt und die Gefühle zum Ausdruck bringt, die einen berühren und bewegen.

Ein wichtiges Freundschaftsritual ist für mich auch der Brief. Gerade heute, im Zeitalter von Handys und E-Mail, wäre es ein gutes Ritual, sich hinzusetzen und einen Brief zu schreiben.

Schreiben gehört offensichtlich wesentlich zur Freundschaft. Der Freundschaft verdanken wir wohl die schönsten Briefe der Weltliteratur. Heute haben wir es leider verlernt, einander Briefe zu schreiben. Und doch braucht die Freundschaft den Brief, in dem ich dem Freund mitteile, was mich bewegt. Konstantin Raudive sagt einmal: «Menschen, die keine Briefe gewechselt haben, kennen einander nicht.» Für den Philosophen Ernst Horneffer ist der Brief an den Freund wie ein Fest, das wir mitten im Alltag feiern: «Der Brief sei dir ein Fest! Dieses Fest darfst du dir gönnen. Ein griechischer Weiser sagte: ‹Ein Leben ohne Feste ist wie eine Wanderung ohne Herberge.› Schaffe dir in der harten, ruhelosen Wanderung eine Raststätte der Seele – im Brief.»

Die Liebe, die in uns ist, will Ausdruck. Der Brief ist ein bleibender Ausdruck der Freundschaft. Einen Brief kann ich immer wieder lesen. Franz Xaver las kniend und unter Tränen die Briefe, die ihm sein Freund Ignatius von Loyola schrieb. Die Briefe ließen die Freundschaft lebendig bleiben, auch wenn sich die Freunde nie mehr im Leben sahen.

So lade ich dich ein, deinem Freund, deiner Freundin wenigstens einmal im Jahr einen Brief zu schreiben. Lass dir dazu Zeit. Schreib nicht einfach nur, was du gerade tust und was du erlebt hast. Überlege, was dich gerade jetzt wirklich bewegt. Das Schreiben wird dir helfen, deine eigenen Gedanken und Gefühle klarer zu erkennen. Das Schreiben an deinen Freund tut dir selbst gut. Es gibt dir Zeit, dich mit deinem Freund zu beschäftigen und dich zu fragen, was dich im Tiefsten mit ihm verbindet. Und es gibt dir die Gelegenheit, das auszudrücken, was in dir oft nur diffus vorhanden ist. Das Schreiben bringt dich in Berührung mit deiner eigenen Wahrheit und mit dem Grund, der dich trägt. Schreib, was dich bewegt. Und schreib deinem Freund oder deiner Freundin auch, was du ihm bzw. ihr wünschst und was du gerne von ihr oder ihm wissen möchtest. Der jährliche Brief könnte zu einem Ritual werden, das dir selbst hilft, Rechenschaft über dich und deinen inneren Zustand abzulegen und dich zu vergewissern, was dich trägt und wohin du auf deinem Weg unterwegs bist.

46. ZU MIR STEHEN

Selbstvertrauen hat etwas damit zu tun, dass ich zu mir selber stehen kann. Dieses Zu-mir-selber-Stehen kann ich einüben, wenn ich die innere Haltung durch körperlichen Ausdruck unterstütze. Ich stelle mich also hin wie ein Baum, die Füße etwa in Hüftbreite auseinander. Dann stelle ich mir vor, wie der Atem beim Einatmen von den Fußsohlen bis zur Decke geht und beim Ausatmen von der Decke bis zum Fußboden. Beim Ausatmen wurzele ich mich immer tiefer ein, so wie ein Baum seine Wurzeln in den Boden gräbt. Dann stelle ich mir vor: «Ich stehe zu mir. Ich stehe für mich ein. Ich habe Stehvermögen. Ich kann etwas durchstehen.» Der Leib ist ein Barometer, der uns anzeigt, wie es um uns steht. Oft beobachte ich, wie Menschen, die einen Vortrag zu halten haben, von einem Bein auf das andere tänzeln oder sich am Pult festklammern. Der Leib drückt ihre Unsicherheit aus. Aber der Leib – so sagt Graf Dürckheim, durch den ich in den siebziger Jahren die Bedeutung meines Leibes neu entdeckt habe – ist auch ein Instrument menschlicher Selbstwerdung. Wir können durch Übungen im Leib innere Haltungen einüben.

Durch ein gutes und gesundes Stehen können wir nicht nur äußerliches Stehvermögen erwerben, sondern auch inneres. Und das ist nichts anderes als Selbstvertrauen, als Selbstwertgefühl. Dabei ist wichtig, dass wir uns nicht aufplustern. Manche werfen sich dann in die Brust. Doch wenn wir richtig stehen, haben wir unsere Mitte nicht im Brustbereich – der steht eher für das eigene Ego, das wir in den Mittelpunkt stellen –, sondern im Unterbauch (auf Japanisch Hara genannt).

Wer im Hara steht, wer im Unterbauch seine Mitte hat, der ist durchlässig für etwas Größeres, letztlich für Gott. Nur wenn wir uns selbst nicht in den Mittelpunkt stellen, sondern durchlässig sind für Christus, bekommen wir wahres Selbstvertrauen. So ist die körperliche Haltung zugleich eine Einübung, das Ego loszulassen und in die eigene Mitte zu gelangen, in der wir in uns und zugleich in Gott ruhen und durchlässig sind für Jesus Christus.

Stell dich aufrecht hin, die Füße etwa in Hüftbreite auseinander. Dann sprich dir die Sätze vor: «Ich habe einen Standpunkt. Ich stehe etwas durch. Ich stehe für mich ein. Ich stehe zu mir.»
Wie fühlst du dich dabei?
Stimmen die Sätze in dieser Haltung?
Dann stell dich bewusst eng hin und ziehe die Schultern nach oben. In diese Haltung kannst du die gleichen Sätze sagen. Du wirst spüren, dass sie nicht stimmen.
Wenn du dich breitbeinig hinstellst, werden dich die Sätze eigenartig berühren. Es ist kein klarer Standpunkt, sondern ein Standpunkt, der verschwimmt. Und das Durchstehen ist zu gewollt.
Dann stell dich wieder in der mittleren Haltung hin. Stell dir vor, dass du wie ein Baum deine Wurzeln tief in die Erde eingräbst. Du stehst wie ein Baum, den der Wind hin und her bewegt, aber nicht umwirft. In dieser Haltung kannst du dir Menschen vorstellen, bei denen es dir schwer fällt, du selbst zu bleiben. Wenn sie dich kritisieren, fällst du leicht um.

In dieser Haltung erahnst du, was es heißt, auch vor scheinbar mächtigen Menschen zu dir zu stehen und ganz du selbst zu sein. Es ist gar nicht so anstrengend. Du brauchst nur in dir selbst zu stehen. Dann wirft dich kein Sturm und kein Unwetter um.

47. «ICH BIN ICH SELBER»

Selbstvertrauen zu gewinnen ist für viele Menschen eine ganz schwierige Aufgabe. Es gibt in der Bibel dazu eine Geschichte, die in diesem Zusammenhang hilfreich ist. Christus sagt nach seiner Auferstehung zu den Jüngern, die auf sein Eintreten in ihren Kreis mit Angst reagierten: «Ich bin es selbst.» (Lk 24,39) Im Griechischen steht hier: «Ego eimi autos.» Das hat eine tiefere Bedeutung. Denn «autos» ist für die stoische Philosophie das innere Heiligtum des Menschen, der innere Kern, das wahre Selbst. In der Auferstehung ist Jesus zu seinem wahren Selbst geworden.

Menschen, die Probleme mit ihrem Selbstwertgefühl haben, rate ich, folgendes Ritual zu üben:
Sie sagen sich immer wieder vor: «Ich bin ich selber.» Sie werden spüren, dass Sie oft nicht Sie selber sind. Wenn Sie in einen Raum kommen, passen Sie sich an, damit Sie dort angenommen werden. Wenn Sie in einem Gespräch sind, geben Sie sich so, dass die anderen mit Ihnen zufrieden sind. Sie richten sich nach deren Erwartungen. Nehmen Sie es sich ganz konkret vor, sich tagsüber immer wieder einmal vorzusagen: «Ich bin ich selber.»
Sagen Sie sich diesen Satz, wenn morgens der Wecker schellt. Dann werden Sie nicht von den Terminen bestimmt, die an diesem Tag auf Sie warten. Sie werden innerlich frei aufstehen.

Sagen Sie sich diesen Satz, wenn Sie in ein Gespräch mit dem Chef oder wenn Sie in eine Sitzung gehen. In dem Augenblick, in dem Sie sich das Wort vorsagen, fühlen Sie sich frei. Ob Sie diese innere Freiheit während der ganzen Sitzung durchhalten können, ist nicht so wichtig. Zumindest beginnen Sie die Sitzung anders. Und auch der Tag wird anders sein.

Und irgendwann wird diese innere Freiheit Ihnen immer mehr in Fleisch und Blut übergehen. Es geht nur darum, es kontinuierlich zu üben und sich diesen Satz vorzusagen: «Ich bin ich selber.» Dann müssen Sie sich selber gar nicht beweisen. Sie sind einfach Sie selber. Sie können dieses «selber» oder «selbst» nicht genau beschreiben. Denn das wahre Selbst ist genauso unbeschreiblich wie Gott. Wir müssen unsere Selbstbilder und Gottesbilder loslassen. Aber indem Sie sich immer wieder dieses Wort vorsagen «Ich bin ich selber», ahnen Sie, dass Sie in diesem Augenblick ganz das ursprüngliche und unverfälschte Bild sind, das Gott sich von Ihnen gemacht hat, dass Sie authentisch, autark, frei und echt sind.

48. DIE SEHNSUCHT SPÜREN

Für den hl. Augustinus ist der Mensch wesentlich einer, der sich sehnt. Hinter allem, wofür wir uns leidenschaftlich einsetzen, steckt eine tiefe Sehnsucht nach dem Gelingen des Lebens, nach Liebe. Und letztlich ist es die Sehnsucht nach Gott. Der Mensch wird seinem Wesen nur gerecht, wenn er mit seiner Sehnsucht in Berührung kommt. Ein Ritual kann uns helfen, die Sehnsucht, die wir oft nur diffus in uns spüren und die wir allzu oft verdrängen, bewusst wahrzunehmen:

Legen Sie beide Hände auf die Brustmitte und spüren Sie die Sehnsucht, die dort lokalisiert ist. Wenn Sie die Hände längere Zeit dort hinhalten, wird es in Ihnen warm. Und Sie werden spüren: Es taucht in Ihnen eine tiefe Sehnsucht auf. Die Sehnsucht will Sie in Berührung bringen mit dem Grund Ihres Herzens. Sie will Sie nach innen führen, zu Ihrer Seele, zu Ihrem Seelengrund. Die Sehnsucht ist die Spur, die Gott in Ihr Herz gegraben hat. Spüren Sie sich in diese Sehnsucht hinein.
Wonach sehnen Sie sich?
Ist es Liebe, ist es Geborgenheit, ist es Glück, ist es Erfolg, ist es Anerkennung?
Versuchen Sie, diese Sehnsucht zu Ende zu denken. Dann werden Sie erkennen, dass sich die Sehnsucht letztlich auf Gott richtet. Nur Gott kann Ihre tiefste Sehnsucht nach Liebe und Geborgenheit, nach Freiheit und Lebendigkeit erfüllen. In der Sehnsucht nach Gott ist schon Gott. So berühren Sie in Ihrer Sehnsucht Gott selbst.

Sie spüren in sich die Sehnsucht nach Liebe. Manche meinen, eine Liebe, die nicht erfüllt wird, sei nur schmerzlich. Doch auch in der unerfüllten Liebe spüren Sie die Sehnsucht nach vollkommener Liebe. In der Sehnsucht nach Liebe ist schon Liebe. Genießen Sie die Liebe, die in Ihrer Sehnsucht liegt. Sie gehört Ihnen. Niemand kann sie Ihnen nehmen. Und wenn Ihre Liebe nicht erwidert wird, wird sie dadurch nicht aufgelöst. Sie ist unabhängig von der Erfüllung in Ihnen.

Manche meinen, die Sehnsucht tue weh, weil sie ja – ihrem Wesen nach – nicht erfüllt sei. Doch wenn Sie Ihre Sehnsucht spüren, sind Sie auch ganz bei sich selbst. Dann spüren Sie sich in Ihrem wahren Wesen. Sie spüren sich als einen Menschen, der über diese Welt hinausweist, der in sich eine Spur der Transzendenz hat. Wer seine Sehnsucht zulässt, ist sich also nicht entfremdet. Denn der Mensch kann nur ganz bei sich sein, wenn er zugleich über sich hinausweist, hinein in das Geheimnis des unbegreiflichen und unaussprechlichen Gottes.

49. DIE LIEBE SPÜREN

Viele Menschen beklagen sich, dass Ihre Liebe zu dem, in den sie sich verliebt haben, nicht erwidert wird. Sie leiden an der unerfüllten Liebe. Doch die Liebe, die Sie in sich spüren, gehört Ihnen selbst. Statt zu klagen, dass ihre Liebe im anderen keine Resonanz findet, sollten sie die Liebe als Macht verstehen, die ihrem Leben einen eigenen Glanz gibt. So hat sie Paulus in seinem «Hohen Lied der Liebe» verstanden. Die Liebe verwandelt unser Leben. Die Liebe ist in uns, unabhängig davon, ob der Mensch, den wir lieben, auch uns liebt.

Das folgende Ritual kann uns helfen, die Liebe in uns zu spüren:
Der Ort, an dem wir mit der Liebe in uns in Berührung kommen, ist der gleiche, an dem die Liebe in uns wohnt: Es ist die Brustmitte. Legen Sie also – wie im vorigen Ritual – die Hände auf die Brustmitte, bis es dort warm wird, bis Sie die Liebe in sich wahrnehmen. Spüren Sie sich in diese Liebe hinein. Und sagen Sie sich: Diese Liebe gehört mir. Sie strömt in mir. Niemand kann sie mir nehmen. Keine Enttäuschung kann mir diese Liebe zerstören. Sie hat in sich etwas Unzerstörbares. Genießen Sie diese Liebe, die Sie wärmt, und sind Sie dankbar dafür. Sie ist ein Geschenk Gottes an Sie. Die Liebe bringt Sie in Berührung mit Ihrem innersten Kern, der sich hell und warm anfühlt, in dem Sie es bei sich selbst aushalten können und in dem Sie bei sich daheim sein dürfen. In dieser Liebe, die Sie in sich spüren, können Sie etwas erahnen von der Liebe Gottes, die in Ihnen

ist. Gott ist Liebe. So sagt uns der 1. Johannesbrief. Wenn Sie die Liebe in sich spüren – oder wenn Sie die Sehnsucht nach Liebe in sich spüren –, dann berühren Sie in sich Gottes Liebe, die unerschöpflich ist, die nicht so brüchig und ambivalent ist wie unsere menschliche Liebe. Unsere menschliche Liebe kann uns verzaubern, aber auch verletzen. Wenn Sie in Ihrer Liebe, die Sie in sich tragen, Gottes Liebe erkennen, dann ist Ihre Sehnsucht nach Liebe erfüllt. Dann sind Sie in Gott, und Gott ist in Ihnen.

50. ANNEHMEN – LOSLASSEN – EINSWERDEN – VERWANDELTWERDEN – NEUWERDEN

Der Weg der Menschwerdung – oder, wie C. G. Jung es nennt: der Selbstwerdung, der Individuation – geht über die fünf Schritte: Annehmen, Loslassen, Einswerden, Verwandeltwerden, Neuwerden. Jeder, der sich auf den Weg zu seinem wahren Selbst macht, wird diese fünf Schritte durchlaufen. Dabei muss die Reihenfolge nicht immer dieselbe sein. Manchmal ist mehr das Annehmen wichtig, ein andermal das Loslassen oder das Einswerden oder Neuwerden.

Es gibt viele Weisen, diese inneren Schritte zu vollziehen. Ein Weg ist die Meditation. Im Atem erfahren wir das Annehmen, Loslassen, Einswerden, Verwandeltwerden und Neuwerden. Die Rituale der Kirche laden uns ein, diese fünf Schritte zu gehen. Zudem gibt es den persönlichen Reifungsweg, der über alle Erlebnisse und Erfahrungen immer wieder dazu führt, Ja zu sagen zu dem, was ist, Altes loszulassen, damit es uns nicht mehr auf dem Weg belastet, eins zu werden mit Gott und mit uns selbst, verwandelt zu werden in die ursprüngliche und unverfälschte Gestalt, als die Gott uns gewollt hat, und neu zu werden durch den Geist Gottes, der alles neu macht. Ich möchte diese fünf Schritte kurz beschreiben und immer wieder Rituale angeben, die helfen, diese Schritte einzuüben.

Jeder Psychologe und jede geistliche Begleiterin wird uns sagen: Nimm dich an, wie du bist. Erasmus von Rotterdam hat

das Glück so definiert: «Der sein zu wollen, der du bist.»
Doch die Frage ist: Wie geht das, *sich annehmen*?
Ich schlage folgendes Ritual vor:
Setz dich still in deine Meditationsecke oder in eine Kirche. Leg deine rechte Hand auf das Herz und stell dir vor: Ich nehme mich an. Ich nehme mich in die Hand. Alles an mir darf so sein, wie es ist. Ich bin dankbar, dass Gott mich so geschaffen hat, wie ich bin. Ich kenne in mir zwar die Tendenz, so zu sein wie der oder die, die ich bewundere. Doch jetzt versuche ich einmal, dankbar zu sein für mich und für mein Leben, für meine Begabung und für meine Begrenzung, für meine Fähigkeiten und für meine Schwächen. Ich bin so, wie ich bin. Ich möchte auch noch wachsen. Aber jetzt bin ich so, wie ich bin. Und dafür bin ich dankbar. Dazu sage ich Ja, weil ich weiß: Gott hat zu mir Ja gesagt. Dann stell dir vor: Gottes heilende Gegenwart hüllt dich ein. In ihr darfst du sein, wie du bist. In ihr findest du Frieden und Erfüllung. Du musst dich gar nicht annehmen. Du lässt einfach sein, was ist. So kommst du in Einklang mit dir selbst, voller Dankbarkeit, dass Gott dich erwählt hat, dass er ein Auge auf dich geworfen hat, weil du für ihn wertvoll bist, weil er dich als diesen einmaligen und einzigartigen Menschen geschaffen hat.

Annehmen und Loslassen gehören zusammen. Sie bilden die ersten beiden Schritte auf dem Weg der Menschwerdung und Selbstwerdung. Nur was ich angenommen habe, kann ich loslassen. Was ich unbedingt loswerden will, das wird mir weiterhin anhaften.

Ein Ritual zum *Loslassen* ist das Ausatmen: Im Ausatmen kann ich mir vorstellen, dass ich alles loslasse, was immer wieder in meinem Geist auftaucht. Ich lasse Verstaubtes und Vergangenes los. Ich lasse die Gedanken los, die in mir hochkommen. Und letztlich lasse ich mich selbst los. Karlfried Graf Dürckheim meinte, der wichtigste Augenblick beim Atmen sei der Augenblick zwischen Ausatmen und Einatmen. In diesem Augenblick kommt es darauf an, alles loszulassen, sich selbst loszulassen, seinen Drang, alles kontrollieren, alles im Griff haben zu wollen, loszulassen. In diesem Augenblick ist weder Ausatmen noch Einatmen. In diesem Augenblick der Stille geht es darum, sich in Gottes Hände fallen zu lassen.

Ein anderes Ritual des Loslassens ist das Gehen oder das Laufen. Im Laufen kann ich mich freilaufen von allem, was mich bindet, was mich abhängig macht, was mir anhaftet. Ich gehe, ich laufe mich frei von allen Bindungen. Ich laufe in die einmalige Gestalt hinein, die Gott mir zugedacht hat.

Ein drittes Ritual des Loslassens kann sein: Ich werfe mit Kraft und Aggression Steine in den Fluss oder in den See. Mit jedem Stein werfe ich etwas, was mich bestimmen möchte, in das Wasser. Manchmal braucht es auch die körperliche Kraft, um das loszulassen, was an mir zu kleben scheint – seien es alte Verletzungen, seien es Lebensmuster oder Gedanken und Gefühle, von denen ich einfach nicht freikomme.

Der dritte Schritt der Selbstwerdung ist das *Einswerden*. Auch das kann in der Meditation erfahren werden. Nach dem Loslassen im Ausatmen stelle ich mir vor, dass im Einatmen Gottes Geist in mich einströmt. Ich werde eins mit Gottes Geist und durch Gottes Geist mit mir selbst. Ich werde eins mit meinem Atem und im Atem mit meiner Seele.

Ein Ritual, das uns die Kirche schenkt, um das Einswerden zu erfahren, ist die Kommunion bei der Eucharistiefeier.

Da werden wir im Essen des Brotes mit Christus und durch ihn mit Gott eins. Essen ist seit jeher ein Akt der Integration. Ich integriere das Fremde in mich hinein. In der Kommunion integriere ich den Leib Christi und in ihm seine Liebe, die in seiner Hingabe am Kreuz am sichtbarsten aufgeleuchtet ist. Indem Christi Liebe in der Kommunion in mich eindringt und meinen ganzen Leib durchdringt, werde ich eins mit ihm. Da es nun nichts mehr in mir gibt, das nicht von Christi Liebe durchdrungen und berührt ist, kann ich nun auch mit mir selbst eins werden, einverstanden sein mit meinem Leben, mit meinem Leib, mit meinem Gewordensein. Im Einswerden mit Christus werde ich zugleich eins mit allen Menschen und mit der ganzen Schöpfung.

Ein anderes Ritual der Einswerdung: Setz dich allein hin und spüre dein Alleinsein. Peter Schellenbaum sagt: Es ist wunderbar, mit allem eins zu sein, all-eins zu sein. Söhne dich aus mit deinem Alleinsein und erahne darin, was es bedeutet, all-ein zu sein.

Ein weiterer Schritt auf dem Weg der Selbstwerdung ist das *Verwandeltwerden*. Die Metamorphose war für die griechische Philosophie und Mythologie ein wichtiges Bild für die Menschwerdung. Der Mensch soll immer mehr verwandelt werden in das einmalige Bild, das Gott sich von jedem gemacht hat. Die Bibel berichtet uns von der Verklärung Jesu am Berg Tabor. Da wurde sein Antlitz verwandelt und erstrahlte in hellem Licht. Christus wurde in die Gestalt verwandelt, die er eigentlich von seiner göttlichen Natur her hatte, die aber den Jüngern oft verborgen war.

Das wichtigste Ritual für die Verwandlung ist wieder die Eucharistie. In der Eucharistie halten wir in den Gaben von

Brot und Wein unser eigenes Leben Gott hin. Im Brot halten wir unseren Alltag hin mit dem, was uns reibt und aufreibt. Wir halten die Tretmühle unseres Alltags hin und die Zerrissenheit, die in den vielen Körnern zum Ausdruck kommt, aus denen das Brot gebacken ist. Im Kelch halten wir unser Leid und unsere Bitterkeit Gott hin, damit sie durch seine göttliche Liebe verwandelt werden. Und im Kelch mit Wein halten wir unsere Liebe hin, die oft vermischt ist mit aggressiven Gefühlen oder den Gefühlen von Gekränktsein und Verletztsein. Wir vertrauen darauf, dass Gottes Geist in diesen Gaben auch unser Leben verwandelt, so dass das ursprüngliche und unverfälschte Bild Gottes in uns sichtbar wird.

Ein persönliches Ritual der Verwandlung könnte sein: Setz dich hin und halte in der Gebärde der Schale dein Leben Gott hin. In deine Hände hat sich das Leben, so wie es war, hineingeritzt. In deinen Händen hältst du deine Wahrheit Gott hin, damit er die Spur in deine Hände eingräbt, die er für dich reserviert hat, damit du deine eigene Lebensspur in diese Welt eingraben kannst.

Der fünfte Schritt auf dem Weg gelingender Menschwerdung ist das *Neuwerden*. Auch das kann im Ritual des Atmens geschehen: Wenn du im Einatmen spürst, dass neuer, unverbrauchter Atem und in ihm Gottes neuschaffender Geist in dich einströmt, dann wird in dir etwas Neues, dann wirst du selbst neu. Gott ist immer ein Gott, der alles neu macht. Durch seinen Geist schafft er dich neu. Du kannst dir vorstellen, dass er alles in dir erfrischt und erneuert.

Auch die Eucharistiefeier ist ein Ritual des Neuwerdens. Du hast in der Kommunion Christi Leib gegessen und sein Blut getrunken. Über den Kelch wurde das Wort Jesu gesprochen:

«Dieser Kelch ist der Neue Bund in meinem Blut, das für euch vergossen wird.» (Lk 22,20) Christus will seinen Wein in neue Schläuche gießen. Wer in Christus ist, ist eine neue Schöpfung, sagt Paulus (2 Kor 5,17). In ihm wirst du neu. Da hat das Alte keine Macht mehr über dich. Du bist nicht festgelegt auf deine Vergangenheit. Christus erneuert dich durch seinen Geist. Du brauchst es nur an dir geschehen zu lassen. Dann fühlst du dich neu. Dann kannst du jetzt in diesem Augenblick von Neuem beginnen. Du kannst neu anfangen, dein Leben von Neuem in deine Hände nehmen und es so gestalten, wie es dem ursprünglichen Plan Gottes entspricht.

SCHLUSS

Rituale strukturieren das Leben. Rituale geben dem Leben Tiefe und Farbe. Sie ermöglichen es mir, selber zu leben, anstatt gelebt zu werden. Sie vertiefen die Beziehungen zueinander. Vor allem aber zeigen mir die Rituale, dass ich mein Leben vor Gott und mit Gott lebe, dass Gottes Segen mich begleitet und Gottes heilende und liebende Nähe mich immer und überall umgibt. Rituale können selbst zum Segen werden für unser Leben und unser Miteinander.

Die 50 Rituale, die ich in diesem Buch beschrieben habe, wollen Sie, liebe Leserin, lieber Leser, anregen, Ihre eigenen, ganz persönlichen Rituale zu entwickeln. Es geht nicht darum, dass Sie all diese Rituale nun in Ihrem Leben vollziehen. Das wäre eine Überforderung und würde ein neues Leistungsdenken in Ihnen hervorlocken. Rituale haben mit Leistung nichts zu tun. Sie wollen gerade das Gegenteil sein. Sie wollen uns mitten in den Anforderungen unseres Lebens, mitten in Stress-Situationen einen Freiraum gewähren, in dem wir aufatmen können, in dem wir es genießen, Zeit für uns zu haben, eine heilige Zeit, über die niemand verfügen kann.

Trauen Sie Ihrem eigenen Gefühl. Dort, wo ein Ritual, das ich beschrieben habe, Ihr Herz anspricht, dort können Sie es einmal versuchen oder ein ähnliches Ritual für sich entwickeln. Gehen Sie jetzt nach dem Lesen des Buches Ihr Leben einmal durch und fragen Sie sich: Wo bin ich zufrieden mit der Art und Weise, wie ich meinen Alltag lebe, wie ich meinen Sonntag und die Festtage des Kirchenjahres oder meine persönlichen Festtage gestalte? Bin ich damit zufrieden, wie ich den Tag beginne und wie ich ihn beschließe? Oder habe ich

Lust, den Tag anders zu beginnen und den Abend auf neue Weise zu beenden? Wie sind unsere Familienrituale, unsere Paarrituale? Welche Formen könnten uns guttun?

So wünsche ich Ihnen, dass Sie für sich und Ihr Leben Rituale finden, die Ihnen Lust am Leben und das Gefühl vermitteln, dass Ihr Leben wertvoll und einzigartig ist. Weil Ihr Leben einen unantastbaren Wert hat, lohnt es sich, es mit Ritualen zu gestalten und auf diese Weise immer wieder das Fest Ihres Lebens zu feiern. Ich wünsche Ihnen, dass die Rituale Sie in Berührung bringen mit Ihrem wahren Wesen, mit Ihrem unverfälschten und ursprünglichen, Ihrem unverletzten und unverstellten Selbst. Die Rituale mögen Ihnen zeigen, dass Ihr Leben unter Gottes Segen und Gottes Verheißung steht. Rituale erinnern Sie immer wieder daran, dass Ihr Leben gelingen wird, weil Gott zu seiner Verheißung steht: «Ich bin mit dir, ich behüte dich, wohin du auch gehst … Ich verlasse dich nicht, bis ich vollbringe, was ich dir versprochen habe.» (Gen 28,15)

LITERATUR

Anselm Grün, Geborgenheit finden – Rituale feiern, Stuttgart 1999.

Anselm Grün, Damit dein Leben Freiheit atmet, Münsterschwarzach 2004.

Anke Birnbaum, Rituale – ihre Bedeutung für die Paarbeziehung. www.familienhandbuch.de